UND KERZENHELLE WIRD DIE NACHT

Weihnachten mit Theodor Storm

 aufbau

»Fröhliche Weihnachten«
Farblithographie, um 1910

UND KERZENHELLE WIRD DIE NACHT

Weihnachten mit Theodor Storm

Herausgegeben
von Antje Erdmann-Degenhardt

MIX
Papier aus verantwor-
tungsvollen Quellen
FSC® C083411

ISBN 978-3-351-03492-4

Aufbau ist eine Marke der Aufbau Verlag GmbH & Co. KG

1. Auflage 2019
© Aufbau Verlag GmbH & Co. KG, Berlin 2019
Die Originalausgabe erschien 2002 bei Aufbau,
einer Marke der Aufbau Verlag GmbH & Co. KG
Einbandgestaltung zero-media.net, München,
unter Verwendung eines Bildes von © Photo Art
Collection (PAC)/Alamy Stock Foto
Satz LVD GmbH, Berlin
Druck und Binden CPI books GmbH, Leck, Germany
Printed in Germany

www.aufbau-verlag.de

Inhalt

Weihnachten in der Kindheit und Jugend

Das Fest in der Fremde

Heiligabend wieder daheim

Weihnachten
in der Kindheit und Jugend

An die Eltern
Lucie und Johann Kasimir Storm in Husum

Heiligenstadt 1858

Sonntag abend. 19. Dezember

[...] Wie unendlich gemütlich war das einst, vor Jahren, zu Haus; wenn in der großen Stube die Lichter angezündet waren, der Teekessel sauste; die braunen Kuchen und Pfeffernüsse standen auf dem Tisch; Vater und wir Kinder warteten dort auf Lorenzen und Onkel Woldsen, während drüben in der Wohnstube der Weihnachtstisch arrangiert wurde. Ich sehe noch die erleuchtete Außendiele, auf die wir immer, wenn die Haustür ging, hinausguckten; und mir ist, als habe an diesem Abend die Dielenlampe ganz besonders hell gebrannt. Wie oft wurden wir getäuscht, wenn statt der erwarteten Gäste eine Schar singender und schnurrender Kinder in die Haustür drängte. Aber dann ging's erst einmal hinunter in die Küche, wo der große Kessel über dem Herdfeuer stand und wo schon die ersten Futtgen [Husumer Weihnachtsgebäck] auf der Siebschüssel lagen. – Da hörte man oben die Haustür – gewiß da kamen sie – und nun wieder treppauf mit einem dampfenden Futtgen in der Hand; auf dem Wege noch einen Blick durch das Hoftürfenster nach Clausens Comptoir; ja, da war's schon dunkel, der war schon mit Thomas drinnen und half die Kerzen anzünden.

Wie kommt mir das alles jetzt groß und hell und weit und ewig begründet vor! Und so ist es auch; wenigstens in meinem Herzen; sogar Onkel Woldsen und Simon, diese grade nicht poetischen, aber doch bürgerlich-behaglichen Gestalten, sind von der wärmsten Glorie meiner Erinnerung umgeben. Jedesmal, wenn ich Onkel Woldsens mir noch erhaltene Geschenke vor Augen bekomme – den kleinen Globus, Körners Werke, Straß' »Alte Geschichte« –, danke ich dem Mann für die Freude, die er mir als Kind an so manchem Weihnachtsabend gemacht hat; und jetzt, wo ich es so gern noch möchte und wo es nicht mehr möglich ist, kann ich nicht begreifen, daß ich ihm in spätern Jahren niemals wieder meinen Dank ausgesprochen habe; aber vergessen ist es nicht.

Wie es daheim Weihnacht wird

»Was für gute Geister aus diesem Kuchen steigen«, sagte er, sich in seinen Arbeitsstuhl zurücklehnend; »ich sehe plötzlich, wie es daheim in dem alten steinernen Hause Weihnacht wird. – Die Messingtürklinken sind wo möglich noch blanker als sonst; die große gläserne Flurlampe leuchtet heute noch heller auf die Stuckschnörkel an den sauber geweißten Wänden; ein Kinderstrom um den andern, singend und bettelnd, drängt durch die Haustür; vom Keller herauf aus der geräumigen Küche zieht der Duft Gebäckes in ihre Nasen, das dort in dem großen kupfernen Kessel über dem Feuer prasselt. – Ich sehe alles; ich sehe Vater und Mutter – Gott sei gedankt, sie leben beide! Aber die Zeit, in die ich hinabblicke, liegt in so tiefer Ferne der Vergangenheit! – – Ich bin ein Knabe noch! – Die Zimmer zu beiden Seiten des Flurs sind erleuchtet; rechts ist die Weihnachtsstube.

Während ich vor der Tür stehe, horchend, wie es drinnen in dem Knittergold und in den Tannenzweigen rauscht, kommt von der Hoftreppe herauf der Kutscher, eine Stange mit einem Wachslichtendchen in der Hand. – ›Schon anzünden, Thoms?‹ Er schüttelt schmunzelnd den Kopf und verschwindet in die Weihnachtsstube. – Aber wo bleibt denn Onkel Erich? – – Da kommt es draußen die Treppe hinauf; die Haustür wird aufgerissen. Nein, es ist nur sein Lehrling, der die lange Pfeife des ›Herrn Ratsverwandters‹ bringt; ihm nach quillt ein neuer Strom von Kindern; zehn kleine Kehlen auf einmal stimmen an: ›Vom Himmel hoch, da komm ich her!‹ Und schon ist meine Großmutter mitten zwischen ihnen, die alte, geschäftige Frau, den Speisekammerschlüssel am kleinen Finger, einen Teller voll Gebäckes in der Hand. Wie blitzschnell das verschwindet! [...]

Drüben in dem Seitengebäude ist das Arbeitszimmer meines Vaters. Auf die Vordiele dort fällt heute kein Lichtschein aus dem Türfenster der Schreiberstube; der alte Tausendkünstler ist von meiner Mutter drinnen bei den Weihnachtsgeheimnissen angestellt. Aber ich tappe mich im Dunkeln vorwärts; denn gegenüber in seinem Zimmer höre ich die

14

Schritte meines Vaters. Er arbeitet schon nicht mehr. Ich öffne leis die Tür; wie deutlich sehe ich ihn vor mir, ihn selbst und das große verräucherte Gemach, in dem der harte Schlag der alten Wanduhr pickt! Mit einer feierlichen Unruhe geht er zwischen den mit Papieren bedeckten Tischen umher, in der einen Hand den Messingleuchter mit der brennenden Kerze, die andere vorgestreckt, als solle jetzt alles Störende ferngehalten werden. Er öffnet die Schublade seines kleinen Stehpults und nimmt die große goldene Tabatiere aus der Fischhautkapsel, einst ein Geschenk der Urgroßmutter an ihren Bräutigam, dann nach des Urgroßvaters Tode eine Ehren- und Vertrauensgabe an ihn. Aber er ist noch nicht fertig; aus dem Geldkörbchen werden blanke Silbermünzen für die Dienstboten hervorgesucht, eine Goldmünze für den Schreiber. ›Ist Onkel Erich schon da?‹ fragt er, ohne sich nach mir umzusehen. – ›Noch nicht, Vater! Darf ich ihn holen?‹ – ›Das könntest du ja tun.‹ Und fort renne ich durch das Wohnhaus auf die Straße, um die Ecke am Hafen entlang, und während ich drunten aus der Dämmerung das Pfeifen des Windes in den Tauen der Schiffe höre, habe ich das alte Giebelhaus mit dem

Vorbau erreicht. Die Tür wird aufgerissen, daß die Klingel weithin durch Flur und Pesel schallt. – Vor dem Ladentisch steht der alte Kommis, der das Detailgeschäft leitet. Er sieht mich etwas grämlich an. ›Der Herr ist in seinem Kontor‹, sagt er trocken; er liebt die wilde naseweise Range nicht. Aber, was geht's mich an. – Fort mach ich hinten zur Hoftür hinaus, über zwei kleine finstere Höfe, dann in ein uraltes seltsames Nebengebäude, in welchem sich das Allerheiligste des Onkels befindet. Ohne Unfall komme ich durch den engen dunkeln Gang und klopfe an eine Tür. – ›Herein!‹ Da sitzt der kleine Herr in dem feinen braunen Tuchrock an seinem mächtigen Arbeitspult; der Schein der Kontorlampe fällt auf seine freundlichen kleinen Augen und auf die mächtige Familiennase, die über den frischgestärkten Vatermördern hinausragt. – ›Onkel, ob du nicht kommen wolltest?‹ sage ich, nachdem ich Atem geschöpft habe. – ›Wollen wir uns noch einen Augenblick setzen!‹ erwidert er, indem seine Feder summierend über das Folium des aufgeschlagenen Hauptbuchs hinabgleitet. Mir wird ganz behaglich zu Sinne, ich werde nicht ein bißchen ungeduldig; aber ich setze mich auch nicht; ich bleibe stehen

16

und besehe mir die Englands- und Westindienfahrer des Onkels, deren Bilder an der Wand hängen. Es dauert auch nicht lange, so wird das Hauptbuch herzhaft zugeklappt, das Schlüsselbund rasselt, und: ›Sieh so‹, sagt der Onkel, ›fertig wären wir!‹ Während er sein spanisches Rohr aus der Ecke langt, will ich schon wieder aus der Tür; aber er hält mich zurück. ›Ah, wart doch mal ein wenig! Wir hätten hier wohl noch so etwas mitzunehmen.‹ Und aus einer dunkeln Ecke des Zimmers holt er zwei wohlversiegelte, geheimnisvolle Päckchen. – Ich wußte es wohl, in solchen Päckchen steckte ein Stück leibhaftigen Weihnachtens; denn der Onkel hatte einen Bruder in Hamburg, und er trat nicht mit leeren Händen an den Tannenbaum. So nie gesehenes, märchenhaftes Zuckerzeug, wie er mitten in der Bescherung noch mir und meiner Schwester auf unsere Weihnachtsteller zu legen pflegte, ist mir später niemals wieder vorgekommen.

Bald darauf steige ich an der Hand des Onkels die breite Steintreppe zu unserm Hause hinauf. Ein paar Augenblicke verschwindet er mit seinen Päckchen in die Weihnachtsstube; es ist noch nicht angezündet, aber durch die halbgeöffnete und rasch wieder geschlossene Tür glitzert es mir entgegen aus der noch drinnen herrschenden ahnungsvollen Dämmerung. Ich schließe die Augen, denn ich will nichts sehen, und trete in das gegenüberliegende, festlich erleuchtete Zimmer, das ganz von dem Duft der braunen Kuchen und des heute besonders fein gemischten Tees erfüllt ist. Die Hände auf dem Rücken, mit langsamen Schritten geht mein Vater auf und nieder. ›Nun, seid ihr da?‹ fragt er stehenbleibend. – Und schon ist auch Onkel Erich bei uns; mir scheint, die Stube wird noch einmal so hell, da er eintritt. Er grüßt die Großmutter, den Vater; er nimmt meiner Schwester die Tasse ab, die sie ihm auf dem gelblackierten Brettchen präsentiert. ›Was meinst du‹, sagt er, indem er seinen Augen einen bedenklichen Ausdruck zu geben sucht, ›es wird wohl nicht viel für uns abfallen!‹ Aber er lacht dabei so tröstlich, daß diese Worte wie eine goldene Verheißung klingen. Dann, während in dem blanken Messingkomfort der Teekessel saust, beginnt er eine seiner kleinen Erzählungen von den Begebenheiten der letzten Tage, seit man sich nicht gesehen. War es nun der Ankauf eines neuen Spazierstocks oder das unglückliche Zerbrechen einer Mundtasse, es floß alles so sanft dahin, daß man ganz davon erquickt wurde. Und wenn er gar eine Pause machte, um das bisher Erzählte im behaglichsten Gelächter nachzugenießen, wer hätte da nicht mitgelacht! Mein Vater nimmt vergeblich seine kritische Prise; er muß endlich doch mit einstimmen. Dies harmlose Geplauder – es ist mir das erst später klargeworden – war die Art, wie der tätige Geschäftsmann von der Tagesarbeit ausruhte. Es klingt mir noch lieb in der Erinnerung, und mir ist, als verstünde das jetzt niemand mehr. – Aber während der Onkel so erzählt, steckt plötzlich meine Mutter, die seit Mittag unsichtbar gewesen ist, den Kopf ins Zimmer. Der Onkel macht ein Kompliment und bricht seine Geschichte ab; die Tür und die gegenüberliegende Tür werden weit geöffnet. Wir treten zögernd ein; und vor uns, zurückgestrahlt von dem großen Wandspiegel, steht der brennende Baum mit seinen Flittergoldfähnchen, seinen weißen Netzen und goldenen Eiern, die wie Kinderträume in den dunkeln Zweigen hängen.« – –

An Therese Rowohl in Hamburg

[Kiel, Anfang März 1838]
Den letzten Weihnachten habe ich wieder einmal nach drei Jahren im Kreise der Meinigen zugebracht; meine Geschwister harrten und horchten, jubelten und sprangen wie sonst, der Baum brannte, ich ward freundlich und reichlich beschenkt wie vor Jahren; allein der Zauber der Kinderwelt war verschwunden; und daß ich dies fühlte, war ein harter Schmerz für mich am Heiligen Abend; die Welt, die wir in unserm Geiste bauen, ist alles: wir streben nach Wahrheit, und die beglückende Täuschung fällt. – Darum liebe ich die Kinder, weil sie die Welt und sich selbst noch im schönen Zauberspiegel ihrer Phantasie sehen. –

Verlorenes Paradies

Goldne Geheimnisse

Reinhard hatte in einer entfernten Stadt die Universität bezogen. Der phantastische Aufputz und die freien Verhältnisse des Studentenlebens entwickelten den ganzen Ungestüm seiner Natur. Das Stillleben seiner Vergangenheit und die Personen, welche dahinein gehörten, traten immer mehr zurück; die Briefe an seine Mutter wurden immer sparsamer, auch enthielten sie keine Märchen für Elisabeth. So schrieb denn auch sie nicht an ihn, und er bemerkte es kaum. Irrtum und Leidenschaft begannen ihr Teil von seiner Jugend zu fordern. So verging ein Monat nach dem andern.

Endlich war der Weihnachtabend herangekommen. – Es war noch früh am Nachmittage, als eine Gesellschaft von Studenten an dem alten Eichtische im Ratsweinkeller vor vollen Rheinweinflaschen zusammensaß. Die Lampen an den Wänden waren angezündet, denn hier unten dämmerte es schon. Die Studenten sangen ein lateinisches Trinklied, und die Präsides, welche zu beiden Enden des Tisches saßen, schlugen bei jedem Endrefrain mit den blanken Schlägern aneinander, die sie beständig in den Händen hielten. Die meisten aus der Gesellschaft trugen rote oder blaue silbergestickte Käppchen, und außer Reinhard, welcher mit in der Zahl war, rauchten alle aus langen mit schweren Quästen behangenen Pfeifen, welche sie auch während des Singens und Trinkens unaufhältlich in Brand zu halten wußten. – Nicht weit davon in einem Winkel des Gewölbes saßen ein Geigenspieler und zwei Zithermädchen; sie hatten ihre Instrumente auf dem Schoß liegen und sahen gleichgültig dem Gelage zu.

[…] Reinhard griff in seine Taschen; es war kein Heller darin. Eine hastige Röte stieg ihm ins Gesicht; er wußte, zu Haus in einer Schieblade seines Pultes lagen noch drei Gulden; er hatte sie zurückgelegt, um ein Weihnachtsgeschenk für Elisabeth dafür zu kaufen, und dann wieder darum vergessen. »Bar Geld?« sagte er, »ich habe nichts bei mir; aber wart nur, ich bin gleich wieder da.« Dann stand er auf und stieg eilig die Kellertreppe hinauf.

[...]

Auch die Weihnachtsbäume hatten ausgebrannt, nur aus einem Fenster brach noch ein heller Kerzenschein in das Dunkel hinaus. Reinhard stand still und suchte auf den Fußspitzen einen Blick in das Zimmer zu gewinnen; aber es waren hohe Läden vor den Fenstern, er sah nur die Spitze des Tannenbaumes mit der Knittergoldfahne und die obersten Kerzen. Er fühlte etwas wie Reue oder Schmerz, es war ihm, als gehöre er zum ersten Male nicht mehr dazu. Die Kinder da drinnen aber wußten nichts von ihm, sie ahnten es nicht, daß draußen jemand, wie er es zuvor von hungrigen Bettelkindern gesehen hatte, auf das Treppengeländer geklettert war und sehnsüchtig in ihre Freude wie in ein verlorenes Paradies hineinsah. Zwar hatte ihm in den letzten Jahren seine Mutter keinen Baum mehr aufgeputzt; aber sie waren dann immer zu Elisabeths Mutter hinübergegangen. Elisabeth hatte noch jedes Jahr einen Weihnachtsbaum erhalten, und Reinhard hatte immer das Beste dabei getan. Am Vorabende hatte man immer den großen Menschen aufs eifrigste damit beschäftigt finden können, Papiernetze und Flittergold auszuschneiden, Kerzen anzubrennen,

Eier und Mandeln zu vergolden, und was sonst noch zu den goldnen Geheimnissen des Weihnachtsbaums gehörte. Wenn dann am folgenden Abend der Baum angezündet war, so lag auch immer ein kleines Geschenk von Reinhard darunter, gewöhnlich ein farbig gebundenes Buch, das letzte Mal das sauber geschriebene Heft seiner eigenen Märchen. Dann pflegten die beiden Familien zusammenzubleiben, und Reinhard las ihnen aus Elisabeths neuen Weihnachtsbüchern vor. So trat allmählich ein Bild des eignen Lebens an die Stelle des fremden, das vor seinen Augen stand; erst als in der Stube die Kerzen ausgeputzt wurden, verschwanden beide. Drinnen wurden Zimmertüren auf- und zugeschlagen, Tische und Stühle zusammengerückt; der zweite Abschnitt des Weihnachtabends begann. – Reinhard verließ seinen kalten Sitz und setzte seinen Weg fort.

Süßer Duft

Draußen auf der Straße war es tiefe Dämmerung; er fühlte die frische Winterluft an seiner heißen Stirn. Hie und da fiel der helle Schein eines brennenden

Tannenbaums aus den Fenstern, dann und wann hörte man von drinnen das Geräusch von kleinen Pfeifen und Blechtrompeten und dazwischen jubelnde Kinderstimmen. Scharen von Bettelkindern gingen von Haus zu Haus oder stiegen auf die Treppengeländer und suchten durch die Fenster einen Blick in die versagte Herrlichkeit zu gewinnen. Mitunter wurde auch eine Tür plötzlich aufgerissen, und scheltende Stimmen trieben einen ganzen Schwarm solcher kleinen Gäste aus dem hellen Hause auf die dunkle Gasse hinaus; anderswo wurde auf dem Hausflur ein altes Weihnachtslied gesungen; es waren klare Mädchenstimmen darunter. Reinhard hörte sie nicht, er ging rasch an allem vorüber, aus einer Straße in die andere. Als er an seine Wohnung gekommen, war es fast völlig dunkel geworden; er stolperte die Treppe hinauf und trat in seine Stube. Ein süßer Duft schlug ihm entgegen; das heimelte ihn an, das roch wie zu Haus der Mutter Weihnachtsstube. Mit zitternder Hand zündete er sein Licht an; da lag ein mächtiges Paket auf dem Tisch, und als er es öffnete, fielen die wohlbekannten braunen Festkuchen heraus; auf einigen waren die Anfangsbuchstaben seines Namens in Zucker ausgestreut; das konnte niemand anders als Elisabeth getan haben. Dann kam ein Päckchen mit feiner gestickter Wäsche zum Vorschein, Tücher und Manschetten, zuletzt Briefe von der Mutter und von Elisabeth. Reinhard öffnete zuerst den letzteren; Elisabeth schrieb:

»Die schönen Zuckerbuchstaben können Dir wohl erzählen, wer bei den Kuchen mitgeholfen hat; dieselbe Person hat die Manschetten für Dich gestickt. Bei uns wird es nun Weihnachtabend sehr still werden; meine Mutter stellt immer schon um halb zehn ihr Spinnrad in die Ecke; es ist gar so einsam diesen Winter, wo Du nicht hier bist.« […]

Nun las Reinhard auch den Brief seiner Mutter, und als er beide Briefe gelesen und langsam wieder zusammengefaltet und weggelegt hatte, überfiel ihn unerbittliches Heimweh.

An Bertha von Buchan in Hamburg

Kiel, 31. Januar 1841

Wir haben seit meinem letzten Briefe Weihnacht und Neujahr gehabt, was ich ja alles, wie schon besagt und beklagt, hier in Kiel verleben mußte. Indes hatten wir sechs Husumer doch einen Weihnachtsabend, wovon ich Dir wenigstens etwas erzählen will, da das Ganze bei mir gewiß bleibend einen freundlichen Eindruck zurücklassen wird. Ich mit noch einem Freunde arrangierte das Ganze mit aller möglichen Heimlichkeit vor den andern; in einem großen hohen Zimmer stellten wir eine prachtvolle acht Fuß hohe Tanne auf, schmuckten sie reichlich mit goldenen Äpfeln, Eiern, Netzen, Zuckerzeug und vielen bunten Lichtern; von der Spitze zu jeder Seite herab hängen zwei lange weißseidene Fahnen, auf der einen die Wappen von Schleswig und Holstein, darunter einen Königsausspruch, der die bleibende Vereinigung dieser beiden Herzogtümer ausspricht:

27

»Wi laven, dat Sleswik und Holsten bliven ewig to-samende ungedeelt!« – auf der andern Fahne das Husumer Stadtwappen, als Umschrift einen Vers aus einem alten Studentenliede: »Süßer Traum der Kinderjahre, kehr noch einmal uns zurück.« – Für die Gesamtbeiträge wurde für jeden ein Geschenk gekauft, außerdem wurden gegenseitig an uns als Kommission manche Privatgeschenke abgeliefert, ferner hatte ich von den Eltern, Geschwistern, Bräuten der andern alle zum Weihnachtsabend bestimmten Geschenke an mich schicken lassen. Das alles stellten wir auf großen Tischen um den Weihnachtsbaum, und nachdem wir alle Lichter angezündet hatten, riefen wir die ungeduldigen Kinder zum Christfest. Unsere Einrichtung verfehlte ihren Zweck nicht. So rasch sie bis zur Tür stürmten, so langsam gingen sie hinein; denn der Christbaum ist ein brennendes Geheimnis! Ich sah es wohl, ihre Herzen waren in der Stunde wie die der Kinder. »Engel knieten an der Schwelle, hütend bei dem frommen Schein; von den Lippen klang es helle; nur die Kinder gehen ein!« So blieb die Stimmung den ganzen Abend; wir freuten uns stundenlang am Baum, an den Geschenken, an den guten Einfällen [...].

Zum Weihnachten
Mit Märchen

Mädchen, in die Kinderschuhe
Tritt noch einmal mir behend;
Folg mir durch des Abends Ruhe,
Wo der dunkle Taxus brennt!

Engel knieen an der Schwelle,
Hütend bei dem frommen Schein;
Von den Lippen klingt es helle:
Nur die Kindlein gehen ein!

Doch du schaust mich an verwundert,
Sprichst: »Vertreten sind die Schuh;
Unter alt vergeßnem Plunder
Liegt die Puppe in der Truh'.«

Horch nur auf! Die alten Märchen
Ziehn dich in die alte Pracht!

Wie im Zauberwald das Pärchen
Schwatzen wir die ganze Nacht.

Von Schneewittchen bei den Zwergen,
Wo sie lebte unerkannt
Und war hinter ihren Bergen
Doch die Schönst' im ganzen Land.

Von Hans Bärlein, der im Streite
Einen Riesenritter schlug,
Der die Königstochter freite,
Endlich gar die Krone trug;

Von dem Dichter auch daheime,
Der ein Mädchen, groß und schlank,
Durch die Zaubermacht der Reime
Rückwärts in die Kindheit sang.

Erinnerung an einen Weihnachtsabend

»Gedenkst du noch an einen Weihnachten?« hub er wieder an. »Ich hatte die Studentenjahre hinter mir und lebte nun noch einmal, zum letzten Mal, eine kurze Zeit als Kind im elterlichen Hause. Freilich war es dort nicht mehr so heiter, wie es einst gewesen; es war Unvergeßliches geschehen, die alte Familiengruft unter der großen Linde war ein paarmal offen gewesen; meine Mutter, die unermüdlich tätige Frau, ließ oft mitten in der Arbeit die Hände sinken und stand regungslos, als habe sie sich selbst vergessen. Wie unsere alte Margret sagte, sie trug ein Kämmerchen in ihrem Kopf, drin spielte ein totes Kind. – Nur Onkel Erich, freilich ein wenig grauer als sonst, erzählte noch seine kleinen freundlichen Geschichten, und auch die Schwester und die Großmutter lebten noch. Damals war jener Weihnachtsabend; ein junges schönes Mädchen war zu der Schwester auf Besuch gekommen. Weißt du, wie sie hieß?«

»Ellen«, sagte sie leise und lehnte den Kopf an die Brust ihres Mannes.

Der Mond war aufgegangen und beleuchtete ein paar Silberfäden in dem braunen seidigen Haar, das sie schlicht gescheitelt trug, schmucklos in einer Flechte um den Schildpattkamm gelegt.

Er strich mit der Hand über dies noch immer selten schöne Haar. »Ellen hatte auch beschert bekommen«, sprach er weiter; »auf dem kleinen Mahagonitische lagen Geschenke von meiner Mutter und was von ihren Eltern von drüben aus dem Schwesterland herübergeschickt war. Sie stand mit dem Rücken gegen den brennenden Baum, die Hand auf die Tischplatte gestützt; sie stand schon lange so; ich sehe sie noch« – und er ließ seine Augen eine Weile schweigend auf dem schönen Antlitz seiner Frau ruhen –, »da war meine Mutter unbemerkt zu ihr getreten; sie faßte sanft ihre Hand und sah ihr fragend in die Augen. – Ellen blickte nicht um, sie neigte nur den Kopf; plötzlich aber richtete sie sich rasch auf und entfloh ins Nebenzimmer. Weißt du es noch? Während meine Mutter leise den

Kopf schüttelte, ging ich ihr nach; denn seit einem kleinen Zank am letzten Abend waren wir vertraute Freunde. Ellen hatte sich in der Ofenecke auf einen Stuhl gesetzt; es war fast dunkel dort; nur eine vergessene Kerze mit langer Schnuppe brannte in dem Zimmer. ›Hast du Heimweh, Ellen?‹ fragte ich. – ›Ich weiß es nicht!‹ – Eine Weile stand ich schweigend vor ihr. ›Was hast du denn da in der Hand?‹ – ›Willst du es haben?‹ – Es war eine Börse von dunkelroter Seide. ›Wenn du sie für mich gemacht hast‹, sagte ich; denn ich hatte die Arbeit in den Tagen zuvor in ihren Händen gesehen und wohl bemerkt, wie Ellen sie, sobald ich näher kam, in ihrem Nähkästchen verschwinden ließ. – Aber Ellen antwortete nicht und gab mir auch nicht ihr Angebinde. Sie stand auf und putzte das Licht, daß es plötzlich ganz hell im Zimmer wurde. ›Komm‹, sagte sie, ›der Baum brennt ab, und Onkel Erich will noch Zuckerzeug bescheren!‹ Damit wehte sie sich mit ihrem Schnupftuch ein paarmal um die Augen und ging in die Weihnachtsstube zurück, und als wir dann später am Pochbrett saßen, war sie die Ausgelassenste von allen. Von meinem Weihnachtsgeschenk war weiter nicht die Rede. […]«

An die Braut Constanze Esmarch
in Segeberg

Montag, den 22. Dezember 1845,
vormittags 10 Uhr. Husum.

Soeben, meine süße, geliebte Constanze, habe ich Deine Sendungen erhalten. Du hast dich ja recht angegriffen, um für alle zu bescheren. Die Mützchen für die beiden Schwestern find' ich so überaus zierlich, daß ich mein süßes Kind auch wohl in einem solchen sehen möchte, versteht sich aber dunkelrot, auch der Schal und Großmutters Schuhe sind sehr passend und angenehm; nur – verzeih mir, meine kleine Frau! – was mir vorzüglich am Herzen lag, der Beutel für Vater ist nicht recht nach meinem Sinn. Die Farben sind freilich ausnehmend schön, aber der Beutel ist nicht groß genug für Vater. Du hättest bedenken sollen, daß er die Börse vorzugsweise auf seinen Reisen, zunächst auf der Umschlagsreise gebraucht, da hätte sie dann auch wohl, was überdies Vaters Liebhaberei ist, von etwas derberer Seide sein müssen; ferner gehören zu

34

dieser schönen blauen Schattierung notwendig silberne Ringe; die Dinger, die Du darangemacht hast, liebe Dange – verzeih mir diesen starken Ausdruck! – sehen doch ein bißchen gar zu ordinär aus; der Fehler ist indes noch zu bessern, ich habe sogleich einen Satz bei Lützen bestellt und schließe die Note darüber an; hab's denn für meine kleine Frau bezahlt. Wenn ordentliche Ringe daran sind, so wird der Beutel sich jedenfalls sehr fein und zierlich ausnehmen; mit diesen häßlichen Ringen mag ich ihn Vater aber wirklich nicht überreichen, zumal in Woldsens und Simons Gegenwart. Zur Rettung der Ehre Deines Geschmacks verzeihe diese etwas gewalttätige Maßregel! Deine Bitte, die Sachen vor Mittwoch niemand sehen zu lassen, konnte ich in Rücksicht auf den Beutel wenigstens in bezug auf Helene nicht erfüllen, denn – wie konnte meine ordentliche Dange, zumal bei einem Geschenk für Vater, dazu kommen? – es hingen wiederum eine Menge langer Fäden an dem Beutel, auch waren hier und da mehrere Maschen aufgelaufen. Das alles muß H. doch notwendig erst bessern. Wenn wir den Beutel erst zurechtgedoktert haben, wird er Dir Weihnachtsabend gewiß Ehre machen.

Mittwoch nachmittag 3 Uhr

Nein, meine allerliebste Dange, wie zierlich der Geldbeutel für Vater sich jetzt ausnimmt, nachdem silberne Ringe und Lilienglöckchen daraufgekommen sind, das glaubt mein Herzchen kaum. Es ist der geschmackvollste, den ich noch gesehen habe, so wie er jetzt aussieht. Aber wie kamst Du dazu, diesen abscheulichen Aufputz daranzumachen? Diese entsetzliche Geschmackssünde tut mir ordentlich weh; so sollte ein Frauenzimmer das Schöne niemals verfehlen können. Und dann meine Dange, die einen so geschmackvollen Liebsten hat! Geschmacklosigkeiten von Frauen, zumal von schönen, sind echte Sünden wider den heiligen Geist. So – dixi!, d. h. ich habe es gesagt, und die römischen Redner pflegten mit diesem Wort ihre glänzenden Vorträge zu schließen. – Leider werde ich Vater Dein Angebinde heute abend auf dem Bett überreichen müssen, denn während Mutter wieder auf den Beinen ist, so hat ihn seit gestern morgen eine starke Erkältung aufs Bett geworfen, er hat heute noch phantasiert. Woldsen und Lorenzen sind deshalb auch abgesagt, und wir werden einen etwas einsamen Weihnachten verleben müssen. Cäcilie liegt auch zu Bett. Das heißt, mein geliebtes Kind, ich fühle mich in mir nicht einsam, ich bin froh und zufrieden, daß die Liebste auf der Welt so ganz mein eigen ist. Die Zukunft liegt mir fast beängstigend glücklich im Sinn. Dazu mehren sich meine Geschäfte seltsam genug gerade seit dem Augenblick, daß ich selbst den frohen Mut gefaßt habe. Nur meine Gesundheit ist nicht recht, ich leide wieder am Hals und an aufsteigender Hitze. Ich weiß freilich wohl, daß es nur Erkältung ist, die sich dahin geworfen, und ich nehme mich auch gewiß in acht. – Jetzt soll ich nach oben; Johannes, Rieke, Helene und Emil sind oben zum Kaffee bei L., dem jetzt schon beschert ist, vom Vater ein Lehnstuhl, wie meiner, von Großmutter eine Lampe. Es ist indes wohl nicht interessant zwischen zwei zärtlichen Paaren.

5½ Uhr.

Noch immer bin ich hier, meine einzige Liebe, und habe seit einer Stunde emsig an einer Armensache gearbeitet, die auch wirklich ein christliches Werk ist, denn meine Gegenpartei ist ein Schuft. – Tante Brick sitzt einsam in ihrer kleinen Kammer und weint über ihre Verlassenheit am Weihnachtsabend; ihre einzige Erinnerung ist der Tod ihrer Mutter, der am

Weihnachtsabend um zwölf erfolgte; nun sitzt sie und durchlebt noch einmal alles, jede Minute bis zur Todesstunde, dann geht sie zu Bett. [...]

8 Uhr.

Wir haben unseren kleinen Weihnachten gehabt; ich danke Dir, mein geliebtes Mädchen, für Dein hübsches und nützliches Geschenk, es steht schon neben meinem Schreibtisch und wird mir hoffentlich die Ordnung etwas erleichtern; sonst habe ich nichts von Vater und Mutter erhalten, es war so für uns alle vorher ausgemacht. Deine Sachen verbreiten viel Freude und freundliche Empfindung für Dich; die Mützchen gefielen namentlich so, daß Rieke, die nachher kam, sich auch gleich eine machen wollte. Bei Vater war's auch recht getroffen; er war so fiebrig, daß er kaum die Augen auftun mochte; als er aber den Geldbeutel sah, sagte er in seiner Weise: »Deuwel ja, das paßt just in meinen Kram, da sag' ich vielen Dank, meiner war gerade auf.« – Jetzt spielen sie alle, natürlich außer Vater, Vingt-un. Ich hatte eben erst Deinen Brief bekommen und konnte mich nicht überwinden, teilzunehmen. Ich hatte schon die Zeit, als der Baum brannte, mit so bitterer Sehnsucht Dein gedacht.

Die alte Uhr

Während der letzten Jahre meines Schulbesuchs wohnte ich in einem kleinen Bürgerhause der Stadt, worin aber von Vater, Mutter und vielen Geschwistern nur eine alternde unverheiratete Tochter zurückgeblieben war. Die Eltern und zwei Brüder waren gestorben, die Schwestern bis auf die jüngste, welche einen Arzt am selbigen Ort geheiratet hatte, ihren Männern in entfernte Gegenden gefolgt. So blieb denn Marthe allein in ihrem elterlichen Hause, worin sie sich durch das Vermieten des früheren Familienzimmers und mit Hülfe einer kleinen Rente spärlich durchs Leben brachte. Doch kümmerte es sie wenig, daß sie nur sonntags ihren Mittagstisch decken konnte; denn ihre Ansprüche an das äußere Leben waren fast keine; eine Folge der strengen und sparsamen Erziehung, welche der Vater sowohl aus Grundsatz als auch in Rücksicht seiner beschränkten bürgerlichen Verhältnisse allen seinen Kindern gegeben hatte. Wenn aber Marthen in ihrer Jugend nur die gewöhnliche Schulbildung zuteil geworden war, so hatte das Nachdenken ihrer späteren einsamen Stunden, vereinigt mit einem behenden Verstande und dem sittlichen Ernst ihres Charakters, sie doch zu der Zeit, in welcher ich sie kennen lernte, auf eine für Frauen, namentlich des Bürgerstandes, ungewöhnlich hohe Bildungsstufe gehoben. [...]

Nun war es Weihnachten. Den Christabend, da ein übermäßiger Schneefall mir den Weg zur Heimat versperrte, hatte ich in einer befreundeten kinderreichen Familie zugebracht; der Tannenbaum hatte gebrannt, die Kinder waren jubelnd in die lang verschlossene Weihnachtsstube gestürzt; nachher hatten wir die unerläßlichen Karpfen gegessen und Bischof dazu getrunken; nichts von der herkömmlichen Feierlichkeit war versäumt worden. – Am andern Morgen trat ich zu Marthe in die Kammer, um ihr den gebräuchlichen Glückwunsch zum Feste abzustatten. Sie saß mit untergestütztem Arm am Tische; ihre Arbeit schien längst geruht zu haben.

»Und wie haben Sie denn gestern Ihren Weihnachtabend zugebracht?« fragte ich.

Sie sah zu Boden und antwortete: »Zu Hause.«

»Zu Hause? Und nicht bei Ihren Schwesterkindern?«

»Ach«, sagte sie, »seit meine Mutter gestern vor zehn Jahren hier in diesem Bette starb, bin ich am Weihnachtabend nicht ausgegangen. Meine Schwester schickte gestern wohl zu mir, und als es dunkel wurde, dachte ich wohl daran, einmal hinzugehen; aber – die alte Uhr war auch wieder so drollig; es war akkurat, als wenn sie immer sagte: Tu es nicht, tu es nicht! Was willst du da? Deine Weihnachtsfeier gehört ja nicht dahin!«

Und so blieb sie denn zu Haus in dem kleinen Zimmer, wo sie als Kind gespielt, wo sie später ihren Eltern die Augen zugedrückt hatte und wo die alte Uhr pickte ganz wie dazumalen. Aber jetzt, nachdem sie ihren Willen bekommen und Marthe das schon hervorgezogene Festkleid wieder in den Schrank verschlossen hatte, pickte sie so leise, ganz leise und immer leiser, zuletzt unhörbar. – Marthe durfte sich ungestört der Erinnerung aller Weihnachtabende ihres Lebens überlassen: Ihr Vater saß wieder in dem braungeschnitzten Lehnstuhl; er trug das feine Sammetkäppchen und den schwarzen Sonntagsrock;

auch blickten seine ernsten Augen heute so freundlich; denn es war Weihnachtabend, Weihnachtabend vor – ach, vor sehr, sehr vielen Jahren! Ein Weihnachtsbaum zwar brannte nicht auf dem Tisch – das war ja nur für reiche Leute –; aber statt dessen zwei hohe dicke Lichter; und davon wurde das kleine Zimmer so hell, daß die Kinder ordentlich die Hand vor die Augen halten mußten, als sie aus der dunkeln Vordiele hineintreten durften. Dann gingen sie an den Tisch, aber nach der Weise des Hauses ohne Hast und laute Freudenäußerung, und betrachteten, was ihnen das Christkind einbeschert hatte. Das waren nun freilich keine teuern Spielsachen, auch nicht einmal wohlfeile, sondern lauter nützliche und notwendige Dinge, ein Kleid, ein Paar Schuhe, eine Rechentafel, ein Gesangbuch und dergleichen mehr; aber die Kinder waren gleichwohl glücklich mit ihrer Rechentafel und ihrem neuen Gesangbuch, und sie gingen eins ums andere, dem Vater die Hand zu küssen, der währenddessen zufrieden lächelnd in seinem Lehnstuhl geblieben war. Die Mutter mit ihrem milden freundlichen Gesicht unter dem eng anliegenden Scheiteltuch band ihnen die neue Schürze vor und malte ihnen Zahlen und Buchstaben zum

Nachschreiben auf die neue Tafel. Doch sie hatte nicht gar lange Zeit, sie mußte in die Küche und Apfelkuchen backen; denn das war für die Kinder eine Hauptbescherung am Weihnachtabend; die mußten notwendig gebacken werden. Da schlug der Vater das neue Gesangbuch auf und stimmte mit seiner klaren Stimme an: »Frohlockt, lobsinget Gott«; die Kinder aber, die alle Melodien kannten, stimmten ein: »Der Heiland ist gekommen«; und so sangen sie den Gesang zu Ende, indem sie alle um des Vaters Lehnstuhl herumstanden. Nur in den Pausen hörte man in der Küche das Hantieren der Mutter und das Prasseln der Apfelkuchen. – –

An die Braut Constanze Esmarch
in Segeberg

Husum 1845

26. Dezember

Freitag abend 8 Uhr

Weißt Du, was am Weihnachtabend auch dazu bei-
trug, mich auf eine Zeitlang etwas unwirsch zu machen? – Daß Dein Montagsschreiben in Schrift und
Gedanken so sehr den Stempel der Flüchtigkeit an
sich trug und in mir das Gefühl erregte, als hättest
Du nur geschrieben, um mir zu Gefallen den Brief zu
verlängern. Laß mich eins nicht fehlbitten, meine
Constanze; wenn Du mir auch noch so wenig
schreibst, laß mich immer fühlen, daß Du mir im
Behagen Deiner Liebe, aus herzlicher Notwendig-
keit geschrieben hast. Du schreibst gewöhnlich die
Hälfte fast von Deinem Briefe am letzten Nachmittag, einige Stunden vor Abgang der Post; das be-
weist mir, daß Du es mehr mir als Dir selbst zu Gefallen tust, daß es Dir nicht so wie mir Bedürfnis
und Mittel zum Austausch Deiner Liebe ist. Deine
Briefe geben mir nur sehr selten den Eindruck Dei-

ner Persönlichkeit, wie das bei meinen, glaub ich, der Fall ist; daher habe ich gewöhnlich beim Lesen Deiner Briefe ein Gefühl der Täuschung [...].

[Sonnabend] Abends 7 Uhr

O mein armes Kind, wie weh es mir tut, daß Deine Weihnachtsfreude so gestört ist; der Schreck darüber hat mich heiß übergossen; ich glaubte alles so sicher und möglichst zu Deiner Freude eingerichtet zu haben; denn Pakete, die man Sonntag hier wegschickt, kommen regelmäßig Mittwoch morgen in Segeberg [an] – Frau Pastorin soll schon gelegentlich den Beweis haben – ich lief gleich zum Postmeister, und der sagte mir, vorigen Sonntag sei zum erstenmal während seiner Amtsführung die Fahrpost hier so spät angekommen und die andre daher so spät abgegangen, daß der Wagenmeister erklärt habe, er müsse nun wohl in Wrist einen Tag über liegen, weil er den ersten Eisenbahnzug nicht mehr antreffen werde. – Nun, meine gute Constanze, Du hast ja auch so gewußt, daß es nicht an mir liegen konnte, das wäre ja auch unmöglich; bitte Gott, daß wir nächsten Weihnachten leben; da werden wir beide froher sein.

Weihnachtslied

Vom Himmel in die tiefsten Klüfte
Ein milder Stern herniederlacht;
Vom Tannenwalde steigen Düfte
Und hauchen durch die Winterlüfte,
Und kerzenhelle wird die Nacht.

Mir ist das Herz so froh erschrocken,
Das ist die liebe Weihnachtszeit!
Ich höre fernher Kirchenglocken
Mich lieblich heimatlich verlocken
In märchenstille Herrlichkeit.

Ein frommer Zauber hält mich wieder,
Anbetend, staunend muß ich stehn;
Es sinkt in meine Augenlider
Ein goldner Kindertraum hernieder,
Ich fühl's, ein Wunder ist geschehn.

An den Freund Hartmuth Brinkmann und
seine Braut Laura Setzer in Rendsburg

Husum, am Wei[h]nachtssonntag 1851

Ich bin in diesen Tagen ein rechtes Wei[h]nachtskind
gewesen; darum wollt Ihr, lieben Freunde, Euch auch
nicht wundern, wenn dieser Brief zum Theil von einem Kinde geschrieben wird. Ich sitze hier in unserm
Saal, der das Wohnzimmer für die Festtage ist, und
vor mir steht der Wei[h]nachtsbaum und welch' einer! Die schönste Tanne meines Gartens, mit der
Spitze fast an die Decke reichend, mit den untern
dicklaubigen Zweigen die Bütte (aus der Setzerschen
Haushaltung durch Detlef entlehnt) überhängend.
Zuckerzeug von Meier aus Altona; Schl[eswig-]
H[olsteinische] Dragoner, Trommelschläger, Frösche
in natürlicher Größe, Eisele und Beisele, Affen und
gelbe Wurzeln, etc. etc. kleine nackte Wachskinder,
die jedes Mädchenherz entzücken müssen, schwe-
ben auf den Tannenspitzen, unzählige Glaskugeln,
goldne Eier, goldne Wallnüsse und Flaumen, denen

ich die Arbeit dreier Feierabende widmete, während Propst Feddersen uns Arnims Appelmänner vorlas, Rosinenguirlanden, Rauschgoldstreifen, buntgefüllte weiße Netze, über deren richtige Construction eine ganze Rathsversammlung gehalten worden; und auf diesen wunderschönen Baum hatten wir außer der Hohlen Gasse den alten Propsten Feddersen (Käthe ist bei uns auf Besuch) den würdigen kleinen Doctor und Detlef eingeladen, der im schönsten Staat anhero erschien; unsre alte Großmutter, die ein Paar Schlagartige Zufälle gehabt hat, war doch auch wieder so weit, um in der Kutsche erscheinen zu können. Nachdem fünf Personen 6 Stunden damit zugebracht hatten, nur um die Sachen an diesem ungeheuern Baum zu befestigen, wurden denn gestern Abend um 5 Uhr die 60 Wachslichter angezündet; und ich konnte mir mit aufrichtiger Befriedigung sagen: ein solcher Weihnachtsbaum brennt vielleicht heut Abend in ganz Schleswigholstein nicht mehr! (– »Germania, das große Kind, erfreut sich wieder seiner Wei|h|nachtsbäume.« (Heine, Romanzero.)) Uebrigens war ich doch eigentlich nicht hochmüthig auf meinen Baum; die letzte Phrase ist mir nur heut so nachträglich aufs Papier gekommen. Ein eigenes

Gefühl war es aber, daß der Baum noch lebendig ist, und nach Neujahr wieder in die Erde soll. Was wird der den Vögeln zu erzählen haben! Hans, der, bis der ersehnte Ruf erscholl, wie eine Stahlfeder, so oft die Thür aufging, gar nicht in der Vorstube zu halten war, wurde denn so mit Spielzeug von allen Seiten überhäuft, daß er eigentlich zu keinem einzelnen ein rechtes Interesse fassen konnte, er bekam 20 verschiedene, zum Theil, größere Sachen, darunter 4 Bilderbücher, und in der That die Creme vom dießjährigen Kinderbilderbüchermarkt; Glasbrenners Marzipan, Bürkners Fibel, Deutsches Weihnachtsbuch von Heger u. ein älteres, Speckters Fabeln. Der kleine Ernst hatte an Allem die unaussprechlichste Freude, er saß auf der Diele und trommelte auf einer kleinen Trommel, und dann hielt er wieder still, und brach in lauten Triumph und Bewunderung aus, und rief Papa oder Mama oder sonst einen entzückenden Laut aus seiner kleinen Kinderkehle. Der Baum mit seinen Lichtern machte die Luft in dem großen Saal fast glühend, so daß wir die Saalthüren öffnen mußten. Die alte Großmutter saß ganz selig im Sopha bei diesem Kinderschein, sie wünschte uns, daß wir noch viele so schöne Abende verleben möchten; aber es sei wohl ihr letzter; sie habe sich so darauf gefreut noch einmal das Fest mit uns zu erleben, daß sie in den letzten Tagen jede Stunde bis zu diesem Abend gezählt habe. Nachdem der Baum etwa anderthalb Stunden gebrannt hatte, wurden die Lichter ausgethan, wogegen Hans freilich aufs Energischste protestirte, und nun gab es in dem ganz verfinsterten Saal Schattenspiel an der Wand und Transparentkasten. Nach 7 U[hr] fuhr dann die hohle Gasse nach Haus und die Kinder waren zu Bett gebracht; der Rest der Gesellschaft besah nun die Bilderbücher, die 24 ersten Münchener Bilderbogen und die Schiefertafelbilder, die ich für Weihnachtsabend angeschafft hatte. Wir saßen in der angenehmsten Wolke von Tannenbaum- und Weihnachtskuchenduft; dann kam noch das unerläßliche Festgericht,

Fische und Futjen (so schreib *ich* diese Lieben); und dann war die Polizeistunde und die vollständigste Müdigkeit da. Für ein kleines Mädchen unsrer Waschfrau hatten wir auch einen Weihnachtsteller ausgerichtet; die war auch unser Gast, und wahrscheinlich der seligste. – Das war unser Wei[h]-nachten.

1852 Neujahrssonntag Vormittag.
Der Brief ist liegen geblieben, wieder ist Festtag,
wieder wohnen wir im Saal; der Baum steht noch da
und hat gestern Abend noch gebrannt. Das Wetter
ist so milde; Hans spielt draußen im Garten mit
Otto Jensen bei den Sandbergen; ich höre ihn hier
schwatzen, der Mund steht ihm keinen Augenblick.
Eine Familienfestfreude steht uns, denk ich, wenigstens heut oder morgen bevor; mein Bruder Otto,
der nach dem Rath der Verständigen seiner Carriere
wegen eine Zeitlang persönlich dienen mußte, hat
jetzt einen Stellvertreter bekommen und wird heut
zurückerwartet. Er antwortete auf seinen Befrei-
ungsbrief voll Jubel, so müsse einem Menschen zu
Muthe sein der aus der Sklaverei erlöst werde. –
Ueberhaupt dürfen wir in diesen Festtagen nicht
über die Schranken unseres Hauses hinaussehen,
wenn nicht Alles uns wieder unheimlich werden
soll, und Wei[h]nachtsabend konnte nur in einem
Saale nach hinten aus gefeiert werden. Und dennoch kam es mir mitunter egoistisch und wie eine
Treibhausfreude vor; wozu namentlich mein Vater
auch Veranlassung gab, der ja nur auf ein Paar Stunden sein dunkles Comtoir verlassen hatte, um sich

51

die Sache einmal anzusehen und dann wieder, als wenn gar kein Fest wäre, sich an den Schreibtisch zu setzen. Früher war es anders mit ihm, wenn er auch ein so rechter Weihnachtsmann nie gewesen ist; aber er hat ein so theilnehmendes und weiches Herz, wie es mir weder zum guten noch schlechten Theile geworden ist, daß er sich des Gefühls der allgemeinen Calamität keinen Augenblick entäußern kann. […]

2. Januar Vormittags
Noch einmal komme ich; es ist wieder Werktag; ich sitze im Comtoir und hinten im Saal wird der Baum entkleidet. So ist denn das Fest vorüber. Gestern Abend waren wir alle in der hohlen Gasse, wo wir am Ende so kindlich wurden, daß wir Poch spielten. […] Und nun sag ich für heute Lebewohl; denn es ist Werktag; und sollte meine von zwei dicken Jungen geplagte Frau wegen ihrer Schweigsamkeit Entschuldigung freilich bedürfen, so bitte ich ihr die zum neuen Jahr zu gewähren; in den nächsten Tagen wird gewiß ein Brief von ihr folgen. Ich aber hoffe nun für uns beide das Recht erworben zu haben, bald etwas von Euch und Eurem Fest zu hören.

Das Fest in der Fremde

An Frau Constanze Storm in Husum

Berlin, den 24. Dezember 1852.
Reinhardts Hotel.

Deinen Brief, meine Constanze, erhielt ich gestern. Ihr seid ja, Gott sei Dank, alle wohl. Rührend war mir Dein sorgenvolles Aufzählen der kleinen Ausgaben, während das Geld mir hier so im großen durch die Finger fällt. Wie ich rennen und laufen und antichambrieren muß, ersiehst Du aus dem Reisebericht; diese offiziellen Visiten nehmen den Tag weg bis mittags 3 Uhr, nach dem Essen ist es dunkel. Wir haben es daher noch nicht erreicht, die Museen sehen zu können, und Fritz wird am 26. ohne das abreisen; denn in den Festtagen ist nichts offen. Ballett und Schauspiel sahen wir. Davon zu Hause. Vorgestern trafen wir verabredetermaßen mit der Dunckerschen Familie in dem kolossalen Krollschen Etablissement zusammen, und aßen mit ihm, Frau (sehr feine, hübsche Berlinerin), Gouvernante und drei Töchtern (8 bis 12 Jahre) zu Abend; dann gingen wir im prächtigen Mondschein um 11 Uhr zusammen nach Hause. Übrigens bin ich heute abend auf drei Stellen, bei Kretzschmer, Duncker und durch ein zärtliches Billett von Mimi [geb. Esmarch, Frau Karl von Wartenbergs] bei Wartenberg zur Kinderfreude eingeladen. Zu den beiden ersten Stellen, die ich zuerst zusagte, werde ich wohl ein Stündchen hingehen. Mimi liegt mir zu weit weg. Aber mein Herz ist mir inwendig recht ein bißchen entzwei. – Mein Ernemann, mein Bursche klein, Papa ist ganz allein, allein, er sitzt und denket immer an Mama und Hans und Ernemann. Auf den Straßen ist der schönste Wintersonnenschein, alles läuft mit Tannenbäumen und Pyramiden und Spielsachen, die aus den Taschen herausgucken, oder läßt es sich durch Bediente nachtragen. In einem Ladenfenster steht der Weihnachtsniklas in Lebensgröße, mit langem Bart und Rute und Spielsachen – und Du und meine kleinen Kinder, Ihr mit eurer bescheidenen Weihnachtsfreude, zu der ich diesmal gar nichts beitragen kann, mein Herz, mein süßes Herz, ist mir recht schwer.

2. Weihnachtssonntag, 2 Uhr. Der Weihnachtsabend wäre denn überstanden. Das war der trübseligste, den ich noch erlebt. Das Schattenbild unserer heimatlichen Weihnachtsfreude stand mir immer vor Augen; und mir war immer, als fühlte ich, Du seist nun tiefbetrübt; und es war auch nicht das kleinste Zeichen von mir auf Eurem Tisch, nicht einmal ein Brief. Könnte ich nur eine, eine Stunde bei Euch sein, um mein Herz zu stärken für diese fatale Geschäftigkeit. Wie bin ich hier so allenthalben übrig und lästig! Und doch werde ich so geliebt und bin Euer bestes Glück. Kretzschmers sind mir freilich mit alter Herzlichkeit entgegengekommen; sie haben jetzt nur so viele Kinder, sonst würde ich auch dort logieren. Ich blieb denn auch gestern abend da hängen, ich konnte mich nicht entschließen, von mir so vertrauten Menschen zu Dunckers zu gehen. Die Frau meinte, ich wäre ihr nun schon grad' wie ein Vetter und Verwandter. Die Weihnacht war wie bei uns, teilweise etwas kostbarer, aber verständig und ohne alle Ostentation. Die Kinder waren selig, ein reizendes kleines Mädchen, Du hättest sehen sollen, wie sie mit ihrem Kochgeschirr hantierte; der älteste Junge, Theodor, ge-

mütlich, wohl Hans ähnlich, küßte seine Eltern und versicherte einmal über das andre, bessere Eltern als seine gäbe es in der Welt nicht. Eine alte Dame mit ihrer Nichte (letztere Musikerin von Fach), getaufte Jüdinnen, sehr nett, die alte die hübscheste, liebenswürdigste Matrone, die ich gesehen, teilten die Freude als Hausgenossen und Bekannte. Zuletzt blieb ich bis 11½ Uhr allein bei Kr. und Frau; unser unerschöpfliches Thema waren unsre Kinder; Deine Gesundheit in sehr gutem Punsch wurde nicht vergessen.

Weihnachtsabend

Die fremde Stadt durchschritt ich sorgenvoll,
Der Kinder denkend, die ich ließ zu Haus.
Weihnachten war's; durch alle Gassen scholl
Der Kinderjubel und des Markts Gebraus.

Und wie der Menschenstrom mich fortgespült,
Drang mir ein heiser Stimmlein in das Ohr:
»Kauft, lieber Herr!« Ein magres Händchen hielt
Feilbietend mir ein ärmlich Spielzeug vor.

Ich schrak empor, und beim Laternenschein
Sah ich ein bleiches Kinderangesicht;
Wes Alters und Geschlechts es mochte sein,
Erkannt ich im Vorübertreiben nicht.

Nur von dem Treppenstein, darauf es saß,
Noch immer hört ich, mühsam, wie es schien:

»Kauft, lieber Herr!« den Ruf ohn Unterlaß;
Doch hat wohl keiner ihm Gehör verliehn.

Und ich? – War's Ungeschick, war es die Scham,
Am Weg zu handeln mit dem Bettelkind?
Eh meine Hand zu meiner Börse kam,
Verscholl das Stimmlein hinter mir im Wind.

Doch als ich endlich war mit mir allein,
Erfaßte mich die Angst im Herzen so,
Als säß mein eigen Kind auf jenem Stein,
Und schrie nach Brot, indessen ich entfloh.

An die Eltern
Lucie und Johann Kasimir Storm in Husum

Potsdam, den 19. Dezember 1853
Brandenburger Str. Nr. 70

Liebe Eltern,

Constanze schreibt an Käthe Feddersen, und ich
lege diesen Brief ein mit der Bitte, ihn Euch am
Weihnachtabend zu geben, damit an diesem mir so
besonders heiligen Abend doch ein unmittelbares
Lebenszeichen von uns da sei. Vorigen Sonnabend
war denn die erste Woche meines Amtseintritts be-
schlossen [...]. Meine Verhältnisse im übrigen an-
langend, so kann ich nur im höchsten Grade zufrieden sein, alle, der Direktor und die Räte, die mir
jetzt allmählich ihren Gegenbesuch machen, sind
freundlich und überall bereit, mir zu raten [...]. Gestern abend, Sonntag, 5 Uhr, fuhr ich mit Constanze
allein nach Berlin, damit sie den Weihnachtsmarkt
sich einmal ansehn sollte. Nachdem dies geschehen, tranken wir um 8 Uhr Tee bei Kuglers, wo Constanze es rasend gemütlich findet, und fuhren dann
um 10½ Uhr wieder nach Haus, wo wir 11½ Uhr (es

ist ½ Stunde vom Bahnhof zu uns) alles in bester Ordnung antrafen. Otto, dem ich geschrieben, traf ich nicht; vielleicht, weil er wegen des Sonntags meinen Brief nicht erhalten hat; doch haben wir schon früher abgemacht, daß er Weihnachtabend bei uns sein soll; wir wollen dann die alten, lieben Husumer Futjen backen. Ich fürchte fast, ich werde sie in Tränen essen. Wir wollen dann einen kleinen Baum aufputzen und den Kindern einige Kleinigkeiten bescheren. Gedenket unser recht, wir werden mit unsern Gedanken und in unsern Gesprächen mit unsern Kindern gewiß recht in Eurer Mitte sein. Heute sollen die Kinder, sobald es dunkel ist, mit den beiden Mädchen zu Weihnachtsmarkt, der hier in einer langen Straße mit viel erleuchteten Buden aufgestellt ist.

An die Eltern
Lucie und Johann Kasimir Storm in Husum

Potsdam, d. 17. December 1854.

Sonntag, Mittag.

Liebe Mutter, mein guter Vater!

Dieser Brief soll zu Weihnachten bei Euch ankommen, zur selben Zeit, wenn wir den Kindern den Baum anzünden, damit wir zur rechten Stunde möglichst unter Euch sind. […]

Wollt Ihr nun wissen, wie es Weihnachtabend bei uns aussieht? Ein Tannenbaum, freilich so groß nicht wie in Husum, wird jedenfalls brennen. Auf einen Tisch gegenüber an der Wand, wird unter Tannenzweigen ein großer hölzerner Vogelbauer stehen, darin ist eine lebendige Wachtel. […] Außerdem wird ein Baukasten da sein und ein paar Bilderbücher, für Carl ein ausgestopftes Kaninchen; für Constanze ein Muff, deren sie sehr bedarf und ein Buch »Paul Heyses Novellen«. […]

Es ist 3 Uhr. Constanze ist mit allen drei Kindern und Bertha in die Weihnachtsausstellung gegangen. Es steht irgendwo ein so prächtiges Schaukel (nicht Pferd), sondern Lamm vorm Fenster, was das Entzücken der Kinder ist. Da werde ich sie wohl finden.

18. December.

Kaum habe ich dieß geschrieben, so kommen heute schon alle Eure Briefe; und Du, lieber Vater, hast mit Deinem vorsorgenden Herzen schon allen meinen Wünschen genügt, Constanze und ich sind vor Freude halb krank. Ja, könnten wir mit vollen Ehren und ganzer Persönlichkeit zurück in die Heimat – das sollte ein Fest werden, ein stilles, aber wunderschönes. Ich glaube fest an die Rückkehr, nicht für heute oder morgen, aber zurückkehren werden wir, wenn wir nicht vor der Zeit sterben. Nun aber wollen wir, es ist 6 Uhr Abend, ich komme eben aus dem Gefangenhaus – auf den Einkauf.

Dienstag, Nachmittag.

Eben habe ich mein letztes Criminalerkenntniß abgesetzt. Nun noch ein paar Worte in diesen Brief. – Mit Hilfe Eures Silbers ist richtig gestern Abend das Schaukellamm für Carl gekauft. Für Hans die Menagerie mit 12 sauberen Papier-Machée-Tieren. Für Hans und Ernst gemeinschaftlich ein großes Bilder-

buch »Die Säugetiere«, der erste Band eines vier-
bändigen Werkes, das vom Ministerium zum An-
schauungsunterricht in den Schulen eingeführt ist.
So wird denn unser Weihnachten recht bunt und
reich. Nur sind wir leider mit den Kindern ganz
allein – da unsere hiesigen Bekannten selbst Familie haben.

An die Schwiegereltern
Elsabe und Ernst Esmarch in Segeberg

Freitag, d. 22. December [1854], 9 Uhr
Sitzung des Königl. Kreisgerichts zu Potsdam v. 22
December. Deputation zur Aburtelung von Vergehen.

Seit einigen Tagen bin ich durch Beurlaubung u.
Krankheit einzelner Mitglieder des Gerichts so mit
Arbeit überladen und abgehetzt, daß ich nur am
grünen Tisch noch Zeit und Gelegenheit finde, euch
einen Weihnachtsgruß zu senden. Der H[err] Ver-
theidiger plaidirt eben, und freilich sehr elegant; ich
bin indessen schon über das Nichtschuldig mit mir
einig, kann also schreiben. Es ist die erste Sache;
wenn wir dann noch 17 andere verhandelt haben,
können wir nach Haus gehen. Es wird wohl 2 U[hr]
werden; und dann hab ich Decrete und Berichte ab-
zufassen; Constanze wird Husumer Pfeffernüsse
und Kuchen backen, und ich werde – wie leider vor-
auszusehen – nicht dabei helfen können. Ich stehe
nemlich trotz alle dem und alle dem in dieser Bezie-

hung noch immer auf meinem alten kindlichen Standpunkt. [...]

Eben cirkulirt eine rothe Mappe, worin der Director uns den Tod des alten Raths Steinhausen, dessen Vertretung mir übertragen worden, und das Begräbnis auf morgen Nachmittag anzeigt. Ich habe den Mann nie gesehen. Er war schon krank, als ich hier eintrat. Wenn das Begräbnis vorüber ist, werde ich bis Mittwoch mit dem Kreisgericht abschließen und mich lediglich dem Weihnacht widmen, Netze schneiden, Bonbons und Chokolade einwickeln, in Ermanglung von Eiern Kartoffeln vergolden, und die schon auf dem Weihnachtsmarkt gekaufte Tanne mit aller Kinderherrlichkeit behangen. Es wird recht bunt bei uns werden, da Vater aus Husum mit seiner liebevollen Vorsorge die Mittel dazu rechtzeitig übersandt hat; eine lebendige Wachtel in grünem Holzbauer, ein Baukasten, zwei Flinten, die ordentlich mittelst eines Korkpfropfens knallen, eine Menagerie mit süperben Thieren von Papiermachée und Käfigen mit Messingstangen, die hinten eine Thür haben, ein Kramladen, ein großes naturgeschichtliches Bilderbuch, einige Münchner Bilderbogen, ein ausgestopftes Kaninchen und das Haupt-

stück: für Carl ein wunderschönes sauber aufge-
zäumtes Schaukellamm (Preis 4 Rthr); für Constanze
eine Muff, ein Glas eau d. Cologne, Paul Heyses Novellen, und außerdem – Du liebe Mutter erinnerst
Dich vielleicht eines kleinen Kästchens mit einer
rothen Rose in Perlenstickerei ich meine von Emilie
Sommer; das habe ich wieder, wie es gewesen, heimlich zurecht machen lassen, und werde es, mit
Marzipanbrödchen gefüllt, neben den andern Sachen stellen, eine Erinnerung an vergangene Zeit.

An Eduard Mörike in Stuttgart

Potsdam, Waisenstraße 68,

den 2. Dezember 1855

Nun möcht ich für meine drei Jungens das Märchen von Hansel und Gretel dramatisieren und mit einem wirklichen Pfefferkuchenhäusel am Weihnachtabend zur Aufführung bringen – wenn sich bis dahin nur noch die harmlose Stimmung finden will. [...]

Und nun leben Sie wohl für diesmal, und haben Sie einen frohen Weihnachten mit Ihren beiden lieben Frauensleuten und Ihrer kleinen Fanny! Constanze grüßt Sie alle herzlich!

Und, liebster Mörike, wann reisen wir nach Husum?

Ihr Theodor St.

An die Eltern
Lucie und Johann Kasimir Storm in Husum

Potsdam, d. 13. December 1855.
Liebe Eltern, so will ich meinen Weihnachtsbrief
beginnen, d. h. ich will Euch mit allerlei gemüt-
lichen Kleinigkeiten aus unserm täglichen Leben
unterhalten, die Euch am Weihnachtsabend erst
lebhaft an uns erinnern mögen.

Es ist 8 Uhr morgen's. Wir wohnen, der Feuerung
halber, in Constanzen's Wohnstube, die sehr warm
und behaglich ist, in der großen kalten Wohnstube
schlafe ich, im Entree haben Constanze und Lisbeth, die ich schon krähen höre, ihr Quartier. Neben
mir am eigenen Tisch sitzen Hans und Ernst, wie sie
es jeden Morgen tun und halten Schreibübung. Erst
wenn sie damit fertig sind, bekommen sie was zu
essen. Abends lesen sie mir um einander Speck-
tersche Fabeln vor. Sie machen Beide jetzt außer-
ordentliche Fortschritte. Es macht ihnen selber viel
viel Vergnügen.

14. December.

[…] Mir träumte, ich sei bei Mörike, seine Frau kam herein und brachte einen kleinen, in zwei Hälften geschlagenen Marmorblock […]. In dieser Traum-Stimmung ging ich auf's Gericht, eine Krähe flog mir grad' entgegen durch den braunen Nebel, der zwischen den Häusern stand, überall dicht vor mir herum liefen die Haubenlerchen auf dem Schnee. Mir wurde ganz weihnachtlich, zumal es nachher, während ich in der schönen warmen Hypotheken-stube die Akte der freiwilligen Gerichtsbarkeit abwartete, so recht behaglich vom Himmel zu schütten begann.

Hermann Schnee und ich haben auch schon ein Kunstwerk für die Jungens in Angriff genommen. Eine plastische Darstellung der Scene, wie Hänsel und Grethel im Walde verirrt, an das Pfefferkuchen-häuschen der Hexe kommen. Auf einem großen Brett soll von allerlei Heidekraut, Nadelholz und was sonst im Winter grün ist, ein natürlicher Wald gepflanzt werden; das Häusel von wirklichem Pfefferkuchen mit klaren Bonbonfenstern, die Hexe aus Ton modellirt mit roter Hakennase, fliegenden weißen Haaren (aus Hede) unter einer roten Kapuze,

Augen von Perlen, ein Scheusal, das Einem wirklich im Traum vorkommen kann – sind schon aus Hermann's kunstfertiger Hand hervorgegangen. Ihr fehlt nur noch die bunte Kattunjacke und der Besenstiel, den sie in der Hand halten soll. Hansel und Grethel, die eben bei ihr anlangen, werden durch kleine Gliederpuppen dargestellt und von Luise geliefert und angezogen. Auf dem Dache des Kuchenhauses sonnt sich ein Kater mit zurückgesträubten Ohren, hinter den Kindern steht ein Reh, ein anderes läuft daneben auf dem grünen moosbedeckten Boden, hinter der Hexe schnüffeln zwei Schweine, weiter hinten läuft ein Hase zwischen den Bäumen, während oben auf einem Felsen zwischen Moos und Kräutern ein Fuchs sitzt. Die kleinen Tiere, die ich für einen Sgr. à Stück in einem Spielladen gekauft, sind wirklich überraschend schön, in der Art, wie Hans seine Menagerietiere, aber ganz klein, ganz rauh und natürlich in der Farbe. Nur die Vögel, die auf dem Dach und ein Eule, die auf einem alten Eichbaum sitzen soll, fehlen uns noch. Hermann ist sogar so kühn, daß er die Landschaft durch wirklich rinnendes Wasser beleben will. Ich meinte, wir könnten lieber Silbersand nehmen, aber er sagte: »nein, das plätschert nicht«. Das Kunstwerk soll seinen Platz auf der im Fond der Stube (Constanzen's früherer Wohnstube) stehenden Komode finden. Gegenüber am Fenster soll ein kleiner Weihnachtsbaum brennen; dahinter im Fenster wollen wir den Spiegel aus unserer Wohnstube befestigen, damit die Herrlichkeit sich selber auch beschauen könne. Um acht kommen Hermann und Louise uns abzuholen, wir wollen einen Gang durch die Weihnachtsausstellung machen, um ein paar Kleinigkeiten einzukaufen.

Und nun »adieu« für heute.

20. December, Vormittag.

Brrrr – welche Kälte und die Feurung so schlecht und teuer. Ich sitze augenblicklich wieder in unserer alten Wohnstube, denn in den übrigen Räumen tobt die Weihnachtsreinmacherei. Aber ganze Torfkörbe voll haben bis jetzt keine leidliche Temperatur hervorgebracht. Alle drei Jungens lärmen um mich. »Ach, Ernemann«, sagt Hans, nachdem sie ihren Baukasten hereingeschleppt, »das ist ein Vergnügen in der großen Stube«. Und nun geht es los. Karl schleppt mit dem weichen Schemel, stellt seinen Kopf darauf und ruft: »Papa! Vater! ich schieß

Hageister«. Aber er schießt nicht; so weit geht sein Kunststück nicht, er bleibt in derselben Stellung sein Butterbrod in der Hand. Dann steht er auf und singt, macht ein allerliebstes Gesicht und fragt: »Papa, singt der Losche schön?« Er ist in einer Aufregung, schwatzt unaufhörlich mit seiner kleinen präcisen Stimme Ein's in's Andere hinein, dazwischen lacht er gar zu anmutig. Hübsch anzusehen ist, wie liebreich und zugleich herablassend die beiden Älteren mit ihm verkehren und dann wieder er ebenso mit Lisbeth [...]

Ich stehe eben vom Brief auf »o Papa, noch arbeiten?« sagt Losche und guckt mich an. Ich habe ihn nämlich unter diesem Prätext mehrmals weggejagt. Aber ich muß jetzt in's Gericht. –

Später. Unser großes Weihnachtskunstwerk rückt auch allmählig weiter. Vorgestern Abend modellirte Hermann voll seligen Eifers den großen Felsen aus Ton und Moos. Gestern Nachmittag war Hermann mit Hans und Ernst, alle wohl vermummt nach Sans-souci zu seinem Onkel, Hofgärtner Selle, um allerlei wintergrünes Gebüsch zu dem Walde zu holen. Heute Abend wird das Pfefferkuchenhaus gemacht. Der alte Schnee neckt seinen Jungen, wenn er dann Abends nach Hause kommt »Na, was habt Ihr beiden Spielhänse denn heut wieder zusammengepüttert«. Über diesen Ausdruck wird dann Hermann für mein Teil sehr empfindlich, bis dann der Alte gesteht, daß er früher für ihn und Louise noch mehr gepüttert habe. Constanze wird heute Abend weißen und braunen Kuchen anrühren, ich werde vergolden und Netze schneiden, Hermann baut Kuchenhäuser. So sind wir denn eifrig beschäftigt, uns in das so ziemlich graue Leben für einen Abend ein kleines Paradies hineinzubauen, worin nichts sein soll, als der Weihnachtsbaum mit seinen Kerzen und seiner kleinen Herrlichkeit, als lächelnde Kindergesichter und stille friedliche Gedanken …

Daß es bei Euch auch so sein möge, dazu, liebe Eltern, hat dieser Brief ein kleines Teilchen beitragen wollen. So wünsche ich denn Euch und allen Freunden für mich und Constanze ein frohes Fest und gedenkt dabei, wie wir Eurer, so in Liebe an uns.

Theodor.

An den Kunsthistoriker und Schriftsteller
Friedrich Eggers in Berlin

Heiligenstadt, 20. Dezember 1856

Mein lieber Freund!

Es wird Weihnachten; vergnügte Weihnachten also! – Mein ganzes Haus riecht schon nach braunen Kuchen – nach dem Rezept meiner Mutter –, und ich sitze, so zu sagen, schon seit einer halben Woche im Schein des Tannenbaums. Wie ich den Nagel meines Daumen jetzt besehe, so ist er auch halbwege vergoldet; denn ich arbeite abends jetzt nur in Schaumgold, Knittergold und bunten Papieren; und während ich Netze schneide und Tannen- und Fichtenäpfel vergolde und die Frauen, d. h. meine und Fräulein Rosa Stein, die bei uns überwintert, die Puppe für Klein-Lisbeth ausputzen, liest Onkel Otto, d. h. mein Bruder Gärtner, uns die »Klausenburg« von Tieck oder eine andre schöne Spukgeschichte vor oder auch eine Probe aus den Bilderbüchern von Corrodi, die Hans und Ernst auf den Teller gelegt werden sollen. Gestern abend habe ich sogar den

Frauen Mandeln und Zitronat für die Weihnachtskuchen hacken helfen; auch Kardemum dazu gesto-
ßen und Hirschhornsalz, mit welchem letztern man
sich in einem messingenen Mörser sehr in acht nehmen muß; den Vormittag war ich stundenlang im
Walde umhergekrochen, um die Tannäpfel zu su-
chen; ja Ihr hättet mich sogar mit meinem dicken
Winterpelz hoch oben in einer Tanne sitzen sehen
können, um einen besonders schönen Zapfen abzu-
brechen. Freilich hatte ich mich vorher gehörig um-
gesehen; denn der Herr Kreisrichter durfte sich doch
nicht auf ganz offenbarem Waldfrevel ertappen lassen. Jeden Morgen kommt der Postbote und bringt
Päckchen und Briefe aus der Heimat und der
Fremde, von Freunden und Verwandten; die Weihnachtszeit ist doch noch grade so schön, wie sie in
meinen Kindertagen war. Wenn nur noch Schnee
kommen wollte; wir wohnen hier außer der Stadt
zwischen den Bergen; da würde der Weihnachtsbaum, wenn er erst brennt, prächtig in die Winter-
landschaft hinausleuchten.

An die Mutter Lucie Storm in Husum

24. December [1856] Vormittag. Gestern morgen, als ich eben zu meinem Actuar in den Wagen steigen wollte, um auf einem 1½ Meilen entfernten Dorfe eine kranke Mutter als Zeugin zu vernehmen, brachte der Postbote 1) einen Brief von Bertha und Lucie, 2) den Weihnachtsschreibe- und Frachtbrief für Rosa, 3) den Frachtbrief für die Ränzel der Jungens, die ich von Göttingen verschrieben habe, 4) Eure Briefe, mit der Einlage von Dir an Constanze. Die letzteren nahm ich mit in den Wagen und las sie unterwegs. Liebe Mutter, Du weißt, ich kann so viel Freundlichkeit und Liebe – wenigstens körperlich – nicht immer gut vertragen, ich habe schwache Nerven.

Ich weiß nicht, was mein alter Actuarius gedacht hat, daß ich den ganzen Weg so stumm neben ihm saß. Ich sehe die Geschichte mit der grünen Einlage und Vaters zarte Beteiligung so deutlich vor mir, als wäre ich dabei gewesen. Es war ein äußerst heiterer Wintertag, und als wir nachher durch die sonnige Schneelandschaft, nach der kleinen Wassermühle gingen, die allein in dem reizendsten Tale liegt, da war mein Herz voll reinster Weihnachtsheiterkeit. Nachher habe ich zu Hause *den Brief* in ein goldenes Couvert geschlagen, der kommt dann auf Constanzens Weihnachtsteller, zwischen den Äpfeln und Nüssen. [Auf dem »goldenen Couvert« stand: »Ein Brief, den meine Mutter schrieb, / Die dir wie deine eigene lieb, / Nun lies ihn bei den Weihnachtskerzen / Er kommt aus einem goldnen Herzen.«] Für die Knaben sind zwei Bilderbücher von Corrodi gekauft, auf dem ersten weißen Blatt steht: »Von Großmama Storm«.

Von mir erhalten die Jungens eine Vogelstange, darauf sitzt ein prächtiger hölzerner schwarzer Adler mit goldener Krone, Scepter und Reichsapfel, darunter eine Scheibe, eine Armbrust hängt dabei.

Nachmittag. Den Weihnachtsbaum, der auf der Diele steht und genau bis an die Decke reicht, habe ich bis auf das letzte Fädchen ganz allein hergestellt, außerdem eine schöne Tannenverzierung über dem

Sofa, vor welchem nach alter Weise der Teetisch mit den braunen Kuchen steht.

Daneben steht die Vogelstange, ferner ein Tisch mit dem noch nicht ausgepackten Weihnachtskorb für Röschen und dem illustrirten »Immensee« für sie, natürlich alles mit Knittergold und Tannenreis bekränzt, dann der Tisch für die Jungens, Losches kleiner Tisch etc.

Die Frauen, da sie nichts dabei getan, haben mir in die Herrlichkeit garnicht hinein dürfen. Die Teller mit Äpfeln, Nüssen und Kuchen und sehr leckerem, selbst gebackenem Marzipan, die sie für Jeden, auch für sich und mich aufgebaut haben, sind ihnen vor der Türe abgenommen. Constanze ist so vergnügt, wie ich sie am Weihnachtsabend fast noch nicht gesehen habe und auch mir ist friedlich und still zu Mute. Draußen liegt eine wunderschöne Schneelandschaft – es ist äußerst anmutig hier auf dem stillen Weihnachtskämmerchen.

Jetzt, liebe Mutter, wünsche ich Euch herzlich vergnügte Weihnachten.

Euer Theodor.

An die Schwiegereltern
Elsabe und Ernst Esmarch in Segeberg

21. December 1857

Hier sitze ich bei meinem kleinen Hans in der Dämmerung des Krankenzimmers und sende euch meinen Weihnachtsgruß. Er ist bunt wie ein Tiger, hustet viel, ist übel; kann aber doch noch einen Witz machen. »Papa«, sagte er heute Morgen, »bei den Masern und beim Gewitter ist das Gefährliche; daß sie einschlagen.«

Die andern drei sind auch schon etwas wackelig, und Ernst, der gestern dabei war seine Weihnachtsbriefe an euch und nach Husum zu entwerfen, hat das gänzlich aufgeben müssen. Sophie ist uns unter diesen Umständen eine rechte Hülfe. Wir leben wie die Engel im Himmel mit einander; sie ist ein so gutes und verständiges Mädchen; wer mit ihr nicht auskommt ist gewiß selber schuld; noch habe ich keine Spur von Launen an ihr bemerkt. Dabei hat sie einen vortrefflichen Verstand, und Interesse für alle geistige Nahrung, die man ihr bietet. Ich denke wir wollen, wenn nur die Masern erst überstanden sind noch recht behagliche Stunden und Abende zusammenverleben. Auf ihren Weihnachtsteller werde ich ihr Hebels Gedichte ins Hochdeutsche übertragen von Robert Reinick mit Bildern von Ludwig Richter und als Zugabe 1 Exemplar der ersten Ausgabe meiner Gedichte auf ihren Weihnachtsteller legen.

Für Constanze habe ich außer dem Vater-Unser von L. Richter und einem echten Lübschen Marzipan (ihre Leidenschaft) ein kleines zierliches Mahagoni-Lesepult, und darauf wird liegen: sauber gebunden von Sophiens zierlicher Hand geschrieben meine neue Novelle (so neu, daß ich noch die letzte Hälfte des letzten Capitels dazu schreiben muß) »*Auf dem Staatshof*«. […] Meine Muse hat so lange geschwiegen, daß ich mir dieß Mal die Freude versagen muß, euch und den Husumern etwas von meinen Geistesproducten zukommen zu lassen. Jetzt scheint's noch einmal wieder zu fließen; ich habe mich aber neben meinen Amtsarbeiten die letzte Zeit halb caput gearbeitet, um das Ziel zu Weihnachten zu erreichen, und Sophie ist immer mein treuer Copist gewesen.

An die Mutter Lucie Storm in Husum

Heiligenstadt, 21. December 1857.
Ich komme diesen Weihnachten, liebe Mutter, mit leeren Händen zu Euch. Die Gaben meiner Muse, das Einzige, was ich sonst zu bescheeren hatte, sind mir in der letzten Zeit leider selbst ausgeblieben. Doch sind nicht alle Aussichten verschwunden, Dir noch einmal wieder ein Stückchen von der Poesie Deines Sohnes auf den Weihnachtstisch legen zu können, denn ich habe während der letzten 4 Wochen neben dem Richter wieder den Dichter gemacht und hoffe, meine neue Novelle »Auf dem Staatshof«, wobei Propst Feddersen's Buch »über Eiderstädt« mir ein sehr guter Stab war, als gebundenes Manuskript Constanze auf ein kleines Lesepult legen zu können, das ich für sie zu Weihnachten machen lasse. Sophie, die die Gefälligkeit und Herzensgüte selbst ist, schreibt sie zierlich für mich ab. Pietsch in Berlin habe ich unter Übersendung eines

Teils der Geschichte gebeten, mir eine kleine Hand-
zeichnung dazu zu machen, ich selbst aber habe
noch ein Capitel zu schreiben. Hoffentlich wird Alles
fertig. Ich habe mich nämlich in Verbindung mit
meinen Amtsgeschäften ganz kaput gearbeitet, so
daß ich jetzt piano angehen lassen muß. [...]

In der blauen Stube liegt Hans hustend und bunt
wie ein Tieger, und neben mir in der braunen Stube
ist Ernst eben auf's Sofa gepackt. Mich soll verlangen, ob wir noch ein Kind für den Tannenbaum
nachbehalten werden. ...

Nachmittags.
Da ich eben vom Gericht kam, war Ernst wieder auf-
gestanden. Es wird ihm aber doch nichts helfen, er
wird den Weihnachtsbaum nicht mehr zu fassen kriegen. Die Kleinen halten sich. Es ist ein wahres Glück,
daß Sofie hier ist, da Constanze sehr angegriffen ist.

[...] Wenn übrigens mit Hans und was von den
Kindern sonst noch einfällt, nichts besonderes vor-
fällt, so wollen wir doch mit Otto und Schlüters
Otto's beide fette Gänse am Weihnachtsabend ver-
zehren. So teilnehmende Bekannte, mit denen man
sich so gut versteht, sind unter allen Umständen
keine Störung.

Hoffentlich wird Lischen sich doch noch am Tannenbaum mit ihrem kleinen Eichsfeldschen Mäntelchen drappieren können. Und jetzt lebt wohl und verlebt das Weihnachtsfest recht gesund miteinander. Ich wollte, Du könntest mir einige von Deinen Futjen herüber präsentiren, es steckt doch ein Teil meiner Kinderweihnachtspoesie darin.

Also herzlich ein frohes Fest.

Euer Theodor.

An die Eltern
Lucie und Johann Kasimir Storm in Husum

Heiligenstadt 1858
Sonntag abend. 19. Dezember

Es sind noch fünf Tage bis dahin, und die Kinder rechnen die Zeit jeden Tag nach; aber ich habe noch gar keine Weihnachtscourage; ich lebe trotz meiner lieben lebendigen Kinder zu sehr in der alten Zeit; denn meine Gegenwart ist zu arm. [...]

Da für die Kinder 10 Taler von dir, lieber Vater, zugesagt sind, so sind für Ernst »Die deutschen Volksbücher«, herausgegeben von Schwab, mit 180 Bildern in Holzschnitt (3 Taler, 10 Sgr. ungebunden) angeschafft, was einen unendlichen Jubel erregen wird und einen passenden Fortschritt von der bisherigen Märchenlektüre bildet; Hans erhält, wie ich wohl schon schrieb, das kleine Stehpult von poliertem Nußbaumholz, mit einem kleinen Bücherbord darauf, wo er sich außer seinen andern Büchern denn die drei ersten Bände von Biernatzkis »Geschichtsbildern« hineinstellen kann. Losche erhält namentlich eine Violine, was zwar schrecklich ist, die er sich aber seit Jahr und Tag schon gewünscht hat, außerdem ein Paar kleine Hausschuh von schwarzem Plüsch mit Rosen darauf, einen Säbel, eine Knallbüchse, einen Deuwel, der aus dem Kasten springt, und einen alten Kaufladen von Hans; über Lisbeth mag Constanze berichten.

Das Instrument [ein Klavier, das heute noch im Storm-Haus in Husum steht] wird leider am Weihnachtsabend wohl noch nicht dasein; unbegreiflicherweise habe ich, obgleich ich sofort nach Empfang von Vaters Brief schrieb, vom Fabrikanten bis jetzt keine Antwort bekommen.

Die Weihnachtstage werden wir wohl mit Wussows wechselsweise bei ihnen und uns verleben. Unser Verkehr mit ihnen und der Servière (Schwester der Wussow) ist so gemütlich wie nur denkbar. Leider werden wir auch diese neuen Freunde voraussichtlich nicht lange hierbehalten.

Lebt wohl denn und gedenkt unsrer am Weihnachtsabend so herzlich, wie wir Eurer gedenken werden; und seid alle gegrüßt: Vater, Mutter, Aemil, Tine und Krebs!

Theodor

An die Eltern
Lucie und Johann Kasimir Storm in Husum

Heiligenstadt, 14. December 1859.
Liebe Eltern, es weihnachtet allgemach. [...] Gegenwärtig sitzt die ganze kleine Gesellschaft um mich herum. Die beiden Ältesten machen Exercitium, Losche vergoldet wieder Wallnüsse. Wenn's nicht glücken will, so legt er die Nuß weg und sagt: »is'n Dösbaddel, können Hans und Ernst fertig machen«, Lisbeth schneidet Puppen. [...]

16. December.
Jetzt erfahren wir erst, was obereichsfeldscher Winter heißt. Wie die meisten Leute, so kommen auch wir mit Holz zu kurz, höchstens 8 Wochen, dann ist das trockene verbraucht. Ich habe nun wieder für 16 Taler (mit Fahren und Hauen) angeschafft, und tröste mich damit, daß, wenn wir ans grüne Holz müssen, schon die Februarsonne in unsere Fenster scheint, da unsere Wohnstuben ja auch nach der Sonnenseite liegen. Leider sind alle unsere Stuben

sehr fußkalt; daher denn jetzt der Husten und Schnupfen gar kein Ende nimmt. Wir haben dieses Jahr gehörig in die Apotheke müssen. [...]

Was gäbe ich dafür, wenn wir nur wenigstens einen Großvater oder eine Großmutter zum Weihnachtsabend hier hätten. Ich bin mir an den Weihnachtsabenden, trotz meiner vier Kinder, immer etwas verwaist vorgekommen. Denn wenn überhaupt, so bedarf man an diesem Erinnerungsfeste der Teilnahme und der Vereinigung mit der Familie. Otto und Wilhelmine wollen in ihren vier Pfählen bleiben und sich dort allein einen Weihnachtsbaum aufputzen, wozu sie sich das Zuckerzeug von zu Hause ausgebeten hat; doch will ich versuchen, sie von diesen einsiedlerischen Gedanken abzubringen.

21. December, 3 Uhr.

Constanze und Frau Arand sitzen neben mir und schneidern Puppenzeug für Lisbeth und Losche. Es ist köstlich, wie der Junge listig und mit leisen Tritten im Hause herumlungert. Alles bezieht er auf Weihnachten. »Schtt«, sagt er eben, als ich einen Brief von Friedlieb vorlas, »is 'n Weihnachtsbrief, muß mal hinhören, was 'r sagt – Nä – kann nix verstehen!«

Es ist ein grimmiger Winter; draußen fegt der Ostwind und wirft heulend einen Regen von kleinen Stücken Eis gegen die Fenster. Wussow's wollten Tee bei uns trinken, aber es wird wohl Niemand heute Abend ohne Not aus der Tür gehen. Und ich freue mich, daß mein auf morgen angesetzter Termin sich zerschlagen hat. Die Holznot ist so groß hier, daß die Leute sich das trockene Holz von Hannoversch-Münden kommen lassen […].

Eben kommt das Mikroskop für Hans an, aus der Rathenower Fabrik: Ich denke, er wird eine große Freude dran haben […].

Schließlich muß ich noch meinen Dank für das Schwein sagen, das vor ein paar Tagen geschlachtet ist. Es wog 200 Pfund und wurde sofort an seinem Todestage in Würste und Schinken verwandelt; die einen Rippen bekam Wilhelmine, und wir erhalten sie dann später in natura zurück, wenn sie das zweite Schwein schlachten.

Unsere Stuben sind fußkalt, wir sitzen bis an die Kniee wie im Eiskeller. Es fängt nämlich eben Alles um mich herum zu husten an; man ist von unten wie krystallisirt.

An die Schwiegereltern
Elsabe und Ernst Esmarch in Segeberg

Heiligenstadt 17 Dezb. 1861
Es wird Weihnachten, und man denkt noch mehr und inniger nach Haus als sonst, wenn auch ebenso vergeblich. So wollen wir denn wenigstens etwas Kunde von uns geben. – Denkt Euch eine Stube so groß, wie Euer Wohnzimmer und eine etwas kleinere. In der letzteren schläft Constanze mit Lucie, und in beiden, die neben einander liegen und deren Fußböden wir streichen lassen, führen wir unser Winterleben: Vater und Mutter, fünf Kinder mit Kindermagd, meist auch noch gegen Abend drei bis fünf Nachbarkinder, von denen zwei, weil sie durch alle Ritzen quellen, in unserm Haus »die Ritzenqueller« heißen. [...]
Constanze befindet sich im Ganzen wohl; augenblicklich übrigens im »wohltätigen Hemd«, wo sie mit heißen Nadeln noch die letzten Weihnachtskittel für die armen Kinder nähen.

Nachschrift von Constanze Storm an ihre Eltern

Vor mir auf dem Tisch liegen die Weihnachtskuchen, die soeben vom Bäcker kommen, ich bin in der tollen Weihnachtsarbeit, backen, scheuern, puppen! [...] Viel kann in diesem Jahr nicht gemacht werden, weil alles hier so über die Maassen theuer ist, d. h. die Fressalien 1 Pfund Butter 13½ Schilling 100 Pfund Mehl 4 pr[eußische] T[aler], 20 Sch[illing] u. in der Weise alles – u. da ich nun im Monat ungefähr 150 Pfund Mehl gebrauche, so könnt Ihr wohl denken, daß einem das Leben nicht gerade leicht fällt.

An die Eltern
Lucie und Johann Kasimir Storm in Husum

Heiligenstadt, 7. December 1862.

Liebe Eltern!

Die Krickenten sind glücklich angekommen, 10 haben wir Otto, 5 auf lebhaften Wunsch an Tante Anna Wussow gegeben, die Übrigen sind bis auf 1½ Dutzend von uns verzehrt, sie scheinen mir dies Jahr extra schön zu sein, und wir bedanken uns recht herzlich. [...]

Meine neue Arbeit habe ich am 25. November der »Illustrirten« eingesandt. Pietsch illustrirt sie auf meinen Wunsch. Es heißt: »Unterm Tannenbaum«, eine echte Weihnachtsidylle und wie ich glaube, mir ganz besonders gelungen. Mutter soll sie schon durch mich bekommen [...].

Mittwoch über acht Tage wird Schwein geschlachtet; dann allmählig wirft der Weihnachtsbaum seinen Festschein durch's Haus.

Seid Alle herzlich gegrüßt von mir, Constanze und den Kindern.   Euer Theodor

Bescherung

Der Weihnachtsabend begann zu dämmern. – Der Amtsrichter war mit seinem Sohne auf der Rückkehr von einem Spaziergange; Frau Ellen hatte sie auf ein Stündchen fortgeschickt. Vor ihnen im Grunde lag die kleine Stadt; sie sahen deutlich, wie aus allen Schornsteinen der Rauch emporstieg; denn dahinter am Horizont stand feuerfarben das Abendrot. – Sie sprachen von den Großeltern drüben in der alten Heimat; dann von den letzten Weihnachten, die sie dort erlebt hatten. [...]

Endlich war das Haus erreicht. Nachdem sie auf dem Flur die beschneiten Überkleider abgetan, traten sie in das Arbeitszimmer des Amtsrichters. Hier war heute der Tee serviert; die große Kugellampe brannte, alles war hell und aufgeräumt. Auf der sauberen Damastserviette stand das feinlackierte Teebrett mit den Geburtstagstassen und dem rubinroten Zuckerglase; daneben auf dem Fußboden in dem Komfort von Mahagonistäbchen mit blankem Messingeinsatz kochte der Kessel, wie es sein muß, auf gehörig durchglühten Torfkohlen; wie daheim einst in der großen Stube des alten Familienhauses, so dufteten auch hier in dem kleinen Stübchen die braunen Weihnachtskuchen nach dem Rezept der Urgroßmutter. – Aber während die Mutter nebenan im Wohnzimmer noch das Fest bereitete, blieben Vater und Sohn allein; kein Onkel Erich kam, ihnen feiern zu helfen. Es war doch anders als daheim.

Ein paarmal hatte Harro mit bescheidenem Finger an die Tür gepocht, und ein leises »Geduld!« der Mutter war die Antwort gewesen. Endlich trat Frau Ellen selbst herein. Lächelnd – aber ein leiser Zug von Weh war doch dabei – streckte sie ihre Hände aus und zog ihren Mann und ihren Knaben, jeden bei einer Hand, in die helle Weihnachtsstube.

Es sah freundlich genug aus. Auf dem Tische in der Mitte, zwischen zwei Reihen brennender Wachskerzen, stand das kleine Kunstwerk, das Mutter und Sohn in den Tagen vorher sich selbst geschaffen hatten, ein Garten im Geschmack des vorigen Jahrhunderts mit glattgeschorenen Hecken und dunkeln Lauben; alles von Moos und verschiedenem Wintergrün zierlich zusammengestellt. Auf dem Teiche von Spiegelglas schwammen zwei weiße Schwäne; daneben vor dem chinesischen Pavillon standen kleine Herren und Damen von Papiermaché in Puder und Kontuschen. – Zu beiden Seiten lagen die Geschenke für den Knaben; eine scharfe Lupe für die Käfersammlung, ein paar bunte Münchener Bilderbogen, die nicht fehlen durften, von Schwind und Otto Speckter; ein Buch in rotem Halbfranzband; dazwischen ein kleiner Globus in schwarzer Kapsel, augenscheinlich schon ein altes Stück. »Es war Onkel Erichs letzte Weihnachtsgabe an mich«, sagte der Amtsrichter; »nimm du es nun von mir! Es ist mir in diesen Tagen aufs Herz gefallen, daß ich ihm die Freude, die er mir als Kind gemacht, in späterer Zeit nicht einmal wieder gedankt – nun haben sie mir den alten Herrn im letzten Herbst begraben!«

Frau Ellen legte den Arm um ihren Mann und führte ihn an den Spiegeltisch, auf dem heute die beiden silbernen Armleuchter brannten. Auch ihm hatte sie beschert; das erste aber, wonach seine Hand langte, war ein kleines Lichtbild. Seine Augen ruhten lange darauf, während Frau Ellen zu ihm emporsah. Es war sein elterlicher Garten; dort unter dem Ahorn vor dem Lusthause standen die beiden Alten selbst, das noch dunkle Haar seines Vaters war deutlich zu erkennen.

Der Amtsrichter hatte sich umgewandt; es war, als suchten seine Augen etwas. Die Lichter an dem Moosgärtchen brannten knisternd fort; in ihrem Schein stand der Knabe vor dem aufgeschlagenen Weihnachtsbuch. Aber droben unter der Decke des hohen Zimmers war es dunkel; der Tannenbaum fehlte, der das Licht des Festes auch dort hinaufgetragen hätte.

Knecht Ruprecht

Von drauß' vom Walde komm ich her;
Ich muß euch sagen, es weihnachtet sehr!
Allüberall auf den Tannenspitzen
Sah ich goldene Lichtlein sitzen;
Und droben aus dem Himmelstor
Sah mit großen Augen das Christkind hervor,
Und wie ich so strolcht durch den finstern
    dichten Tann,
Da rief's mich mit heller Stimme an.
»Knecht Ruprecht«, rief es, »alter Gesell,
Hebe die Beine und spute dich schnell!
Die Kerzen fangen zu brennen an,
Das Himmelstor ist aufgetan,
Alt' und Junge sollen nun
Von der Jagd des Lebens einmal ruhn;
Und morgen flieg ich hinab zur Erden,
Denn es soll wieder Weihnachten werden!«

Ich sprach: »O lieber Herre Christ,
Meine Reise fast zu Ende ist;
Ich soll nur noch in diese Stadt,
Wo's eitel brave Kinder hat.«
– »Hast denn das Säcklein auch bei dir?«
Ich sprach: »Das Säcklein, das ist hier;
Denn Apfel, Nuß und Mandelkern
Fressen fromme Kinder gern.«
– »Hast denn die Rute auch bei dir?"
Ich sprach: »Die Rute, die ist hier;
Doch für die Kinder nur, die schlechten,
Die trifft sie auf den Teil, den rechten.«
Christkindlein sprach: »So ist es recht;
So geh mit Gott, mein treuer Knecht!«
Von drauß' vom Walde komm ich her;
Ich muß euch sagen, es weihnachtet sehr!
Nun sprecht, wie ich's hierinnen find!
Sind's gute Kind, sind's böse Kind?

An den Vater Johann Kasimir Storm
in Husum

Heiligenstadt, 21. Dezember 1863

Herzlichen Dank, lieber Vater, für Deine liebevolle
Fürsorge, in meinem und Frau und Kinder Namen.
Das Weihnachtfest steht ja denn einmal wieder
dicht vor der Tür; aber die Gedanken wollen diesmal
nicht bei dem Weihnachtsbaum bleiben, in dessen
dunklem Tannengrün sie sonst so gern eine kleine
Weile von der Jagd des Lebens ausruhen. Dennoch
ist alles wie sonst vorbereitet. Hans, der ein großer
Weihnachtsmann ist, hat schon seit drei Tagen
seine Abende mit Vergolden und Netzeschneiden
zugebracht; er wird auch zum ersten Mal dabei mit
einer neuen Erfindung debütieren, indem er schon
im Herbst zu dem Zwecke gesammelte Eicheln mit
vergoldeten Näpfchen in das Tannengrün hängen
wird. So habe ich denn an ihm einen guten Stellvertreter, was, wie gesagt, diesmal auch recht notwendig ist; zumal ich von all den Aufregungen dieses

Jahrs natürlich jetzt mit meinem alten Feind, dem Magen-etc.-Krampf, im Kampfe liege. [...]

Doch ich muß wohl die Weihnachtsabsichten berichten. Hans bekommt meine silberne Uhr, die ich ihm neu habe machen lassen, eine recht schöne kleine Reisetasche von braunem Leder mit Stahlbügel und als Buch »Tierleben« von Boner, was ich mir von Weber als Zugabe zu meinem Honorar zugeben ließ; Ernst den zweiten, jetzt erschienenen Teil der schönen »Preußischen Geschichte« von Schmidt und die Schlacht bei Leipzig in 200 feinen Zinnfiguren und -gruppen; beide zusammen noch zwölf ausländische Käfer zu ihrer Sammlung, die ich diesen Sommer in Hamburg kaufte; Karl eine schöne Metallharmonika von zwei Oktaven (2 Taler, 20 Sgr.) – ich glaube, der Musikjunge wird mir verrückt vor Freude – und Hauffs Märchen mit den Bildern von Sonderland. Letzteres und Lisbeths Buch, die Hackländerschen Märchen mit den Radierungen von Zwecker, haben seinerzeit beide auch auf Aemils Weihnachtstisch gelegen. Neue Münchner Bilderbogen, für jeden zwei, fehlen natürlich auch diesmal nicht, um dem Ganzen Farbe zu geben. Von den Mädchen wird Constanze berichten.

An den Freund Hartmuth Brinkmann
in Lütjenburg

Heiligenstadt, 18. Januar 1864

Nein, mein alter treuer Freund, diesmal war es keine Indolenz; täglich seit Empfang Deines Briefes habe ich in Gedanken mit Dir gelebt, täglich haben Constanze und ich im Gespräch miteinander Euer beider als unsrer Allernächsten gedacht, und auch wenn ich heute Deinen lieben zweiten Brief nicht erhalten hätte, würde ich Dir jetzt geantwortet haben; denn grade gestern hab ich einigermaaßen Raum gewonnen.

Die Sache ist folgende.

Nachdem Lisbeth die Röteln gehabt und nun alles zum Weihnachtsabend vorbereitet war, wurde am Abend vorher auch Constanze und am zweiten Weihnachtstage auch ich davon befallen. Da lagen wir beide beieinander; dann fiel auch die kleine Lucie ein, und um das Maß voll zu machen, bekam das Kindermädchen Gesichtsrose und konnte nun nicht ordentlich Hülfe leisten, zumal nachts nicht. Constanze, bei der die Sache mit furchtbarem Brustkrampf zum Ausbruch kam, ist recht krank gewesen, auch ihre Augen waren sehr angegriffen [...].

Auf dem Weihnachtstisch der Kinder lagen die neuen Ausgaben der Hauffschen und Hackländerschen Märchen mit den auch den feineren Sinn anziehenden Kupferradierungen von Sonderland und Zwecker; letztre sind die besten. Die Hackländerschen Märchen sind freilich schluderig gearbeitet, zum Teil aus Volksmärchen zuammengeflickt; aber es ist Stimmung darin und schöne Einzelnheiten. Als ich daraus vor Weihnachten Constanze und Hans und Ernst den »Zauberkrug« vorlas, keimte plötzlich eine ganze Saat der schönsten Märchenmotive in mir auf. Mit Papier und Bleistift stieg ich ins Bett und schrieb in der verhangenen Stube auf der Mappe, trotz dem Doktor, unaufhaltsam ein Märchen von 49 Postpapierquartseiten, »*Die Regentrude*«; in zwölf Tagen (drei lag ich nur im Bett, Constanze sechs) hatte ich es auch schon überarbeitet und selbst ins reine geschrieben; aber das zweite Märchen, »*Bulemanns Haus*«, war schon wieder fertig in meinem Kopf und verlangte mit Ungestüm leibhaftige Gestaltung. Gestern ist nun auch das, nur wenig kürzer, beendet. [...]

Ich glaube, daß, was ich bisher geschrieben, von besondrer Güte ist und daß ich mit diesen Märchen einen ganz besondern Treffer gezogen; denn ich denke, es soll Weihnachten 1865 ein ganzer Band »Märchen von Th. Storm« auf vielen Weihnachtstischen liegen.

Heiligabend wieder daheim

An den Schriftsteller und Zeichner
Ludwig Pietsch in Berlin

Husum, 16. Dezbr. 64

In unsrer Weihnachtsstube wird ein großer Putsche-
nillekasten (so nannten *wir* das Ding) stehen; neue
Schauspieler vom echtesten Schrot hab ich dazu
aus Hamburg verschrieben, Tod und Teufel fehlen
nicht, und Kasper spricht das reinste Platt. Er wird
sich bei Eröffnung des Zimmers verbeugen und die
Gesellschaft von seinem hohen Ort aus begrüßen.

An die Schwiegermutter Elsabe Esmarch
in Segeberg

Liebe Mutter,

es wird Weihnachten, und da komme auch ich noch
einmal mit einer kleinen Gabe. Es sind freilich nur
Träume und Schatten; aber doch das Beste, was ich
noch zu bieten habe: meine Märchen, die ich noch
alle unter ihren Augen schrieb – wenn ich sie ihr so
eben nach der Niederschrift vorlas und ihr etwas
besonders gefiel, ich weiß die Stellen noch, dann
sah sie mich so herzlich an, und in ihr liebes Gesicht trat ein Lächeln, das unmittelbar vom Herzen
heraufgestiegen war [...].

Mit den Kindern geht es besser. Sie entbehren
zwar die Mutter, namentlich auch Lisbeth, aber die
Jugend hat doch ihr eigenes Leben, in das schließlich
die Eltern nur als Nebenpersonen hineingehören.
Sie haben doch mit großem Behagen an den letzten
Abenden Netze geschnitten und Nüsse vergoldet.

An Marie und Ludwig Pietsch in Berlin

Husum, 5. Jan. 67.

Lieben Freunde,

das Fest ist vorüber. Heute abend ißt der alte Hans seine letzten Weihnachtskuchen mit uns, und geht dann wieder nach Kiel. Es geht ganz vortrefflich mit ihm; ich bin überzeugt, er wird ein tüchtiger Mensch. Am Weihnachtsabend brannte der Baum wie immer; der laute Kindertrubel hielt fast die Gedanken schmerzlichster Erinnerung nieder; auch nahm ein junger Freund, ein Advokat v. Stemann, dessen Eltern entfernt wohnen, an unserm Feste theil. Am 1. Weihnachtssonntag war die Familie bei uns, und mein Vater aß das erste Stück Brod in meinem Hause, während ich wieder hier bin. [...]

Eben schickt mir mein Vater 20 Flaschen Wein; so schickte er am Weihnachtsabend, während Mutter hier u. bei Doctors war und er allein in seiner alten schwarzen Advokatenhöhle saß, – ein großes Stück Hamburger Rauchfleich und einen hübschen Cassenschein an meine Frau, so kommt bald eine Gans, bald einige Fuder Holz, oder gar ein ganzes Haus, womit er seine Kinder erfreut. Dieser alte eigenthümliche Mann trägt wie eine Mutter seine Kinder unterm Herzen und wenn sie noch so alt werden.

Ad vocem Bilder – den Schwind hab ich verschrieben. Wenn er nur nicht schon fort ist. Aber entsinnst Du Dich nicht, daß Du mir ein mal erzähltest, es seien ein paar Kupferstiche zur Genoveva von L. Richter im Handel und kosteten etwa nur einen Taler pro Stück. Ich hab sie gestern beide bei unserm Amtmann, Graf Reventlow, Julian Schmidts geistigen Freunde, gesehen. Kannst Du mir die dort auftreiben, ingleichen die Richtersche Radierung, Weihnachten darstellend, hoch Folio u. zu civilen Preisen, so kauf und schick mir die drei Blätter, bitte. […]

Du findest einen Ton der Resignation in meinem Briefe. Ja, mein lieber Freund, – was auch immer geschieht, was mir Liebes und Gutes auch erwiesen wird, Constanze ist und bleibt ja doch immer todt.

Was ist da viel zu sagen! Mit herzlichem Wunsch, daß Euch ein gutes Jahr gedeihen möge

Euer alter Theodor

An den Sohn Hans in Berlin

Husum, 28. Dezember 1867.

Die Weihnachtstage sind vorüber, mein lieber Junge; ein selten schöner Tannenbaum brannte, diesmal ein Geschenk von dem Hofbesitzer Reese in Lehmsieck; trotzdem, daß wir uns das Hamburger Zuckerzeug gespart hatten, war er sehr schön, oder – *ist* es noch vielmehr; denn er wird wie hergebracht bis Neujahr stehenbleiben. Ich bekam eine förmliche Bescherung: von Tante Do Dorés Märchen, von Lisbeth einen Flaschenkorb im Geschmack meines Papierkorbes, von Großmutter ein gesticktes Rükkenkissen, von Großvater Esmarch eine alte Rarität, Umrisse zu Fouqués »Undine«, seltsam spaßig und geschmacklos. Dann, als der Baum eben angesteckt wurde, kam noch eine große Pappmappe aus Kiel. Ich besah Handschrift und Siegel, konnt's aber nicht erraten, von wem das sei. Deshalb setzte ich's beiseit' und versparte mir's, wie die Kinder den Bon-

bon, bis die Wogen der Kinderfreude, die sehr hoch gingen, sich etwas gelegt hatten. Dann machte ich auf; und was kam heraus? Ein Stück vaterländischer Küstenpoesie, ein hübsches Aquarell, eine Dünengegend zwischen Ording und St. Peter darstellend, dazu ein herzensfreundlicher Brief von dem alten Wolperding; ich hätte mich diesen Sommer, da er bei uns gewesen, an den paar Strichen in seinem Skizzenbuch gefreut, nun habe er mir das Bild zu Weihnachten gemalt. Der alte Bursche rührte mich wirklich damit. [...]

Eine rechte Weihnachtsstimmung wollte in mir nicht aufkommen, die äußeren Verhältnisse sind zu widerwärtig, als daß man sie vergessen könnte; und ich brauchte jetzt ein wenig linde Luft; denn das Leben wird mir schwer. Vielleicht, wenn Du da gewesen wärst, mein geliebtes Kind, wäre mir heimischer gewesen. Ernst verfällt auch leicht in diese Stimmung; Mutter fehlt uns doch. Dann wäre alles zu ertragen gewesen, wenn sie mir nur geblieben.

An den Sohn Ernst in Tübingen

[Husum,] 16 Dezbr. 1870

Lieber Erne, Lute's und Ebbe's Bild ist nicht geraten, es soll aber in den Weihnachtstagen nachfolgen; Du erhältst hier also nur den leeren Rahmen.

In der Kiste sind außer den genannten Sachen 1 Paar Schuhe v. Großmutter, Visitenkartentasche von Mama, Aschbecher von Lite (wenn Frl. Hornung ihn sieht, sag nur, Mama hätte die Borte noch etwas accurater drummachen wollen; sie hatte aber keine Zeit mehr); Bieschen u. weiße Pfeffernüsse v. Großmutter, die andern Kuchen von uns; desgl. aus unsern Mitteln 3 Thr., aus den von Großvater Esmarch gesandten 10 Thr. erhältst Du 1½ Thr; auch sende ich Dir Dein Petschaft. [...]

So – und jetzt nimm einen braunen Kuchen, iß ihn und denk dabei an uns und die alte Familienheimat.

Dein Vater Th Storm

An den Schriftsteller und Literaturhistoriker
Emil Kuh in Wien

Husum, 22. Dezember 1872

Weihnachten soll doch nicht ohne einen Gruß vorübergehen [...]. Leider muß ich gestehen, daß ich Ihrer freundlichen Anforderung, über mich selber zu schreiben, noch immer nicht nachgekommen bin. Nur das beiliegende Blättchen über die Märchen ist geschrieben.

Vielleicht, wenn Sie Ihre desfallsige Absicht nicht aufgegeben haben, stellen Sie mir einige bestimmte Fragen; da geht es leichter. – Aber das ganze Haus ist voll Weihnachtsunruhe; eine ganze Gruppe von Weihnachtsbäumen soll gemacht werden. Sie wissen aus »Unterm Tannenbaum«, daß das meine Domäne ist. Ich denke mir, Sie und Ihre Frau sitzen auch jetzt und schneiden Netze – hoffentlich nur schneeweiße – und vergolden und schneiden Flitter.

Also – frohe Weihnacht! Und grüßen Sie Ihre Frau und das Mädel, das so gern Th. St. lesen will.

114

Heiligabend

Endlich war der Nachmittag des Heiligen Abends herangekommen. Im Hause hatte eine erwartungsvolle Tätigkeit gewaltet; doch bald schien alles zum Empfange des Christkinds und des Gastes vorbereitet. Vom Arbeitstische, der heute von allen Rechnungs- und Kontobüchern entlastet war, blinkte auf schneeweißem Damast das Teegeschirr mit goldenen Sternchen, während daneben die frischgebackenen Weihnachtskuchen dufteten. Der Tür gegenüber auf der Kommode war Heinrichs Bescherung von den Frauen ausgebreitet· ein Dutzend Strümpfe aus feinster Zephirwolle, woran die sorgsame Tante das ganze Jahr gestrickt hatte; daneben von Annas sauberen Händen eine reichgestickte Atlasweste und eine grünseidene Börse, durch deren Maschen die von Carsten gespendeten Dukaten blinkten. Dieser selbst ging eben in den Keller, um aus seinem bescheidenen Vorrat zwei ganz besondere Flaschen heraufzuholen, die er vor Zeiten von einem dankbaren Schutzbefohlenen zum Geschenk erhalten hatte; es sollte heute einmal nichts gespart werden.

Statt seiner trat Tante Brigitte herein, zwei blankpolierte Leuchter in den Händen, auf denen schneeweiße russische Lichter in ebenso weißen Papiermanschetten steckten, denn schon war die Dämmerung des Heiligen Abends hereingebrochen; draußen zogen schon die Scharen der kleinen Weihnachtsbettler, und ihr Gesang tönte durch die Straßen: »Vom Himmel hoch, da komm ich her.«

An die Tochter Lisbeth in Weimar

[Husum,] 21. Dezember [1877] abends. Eben von einer sehr mühsamen kalten Landtour nach Ramstedt zurück. Es friert tüchtig. Mama kam mir ganz entzückt über Deine Puppen entgegen, die heut mittag angekommen sind. Sie sind allerliebst, und Du hast sie trefflich in Deine Leibfarbe gekleidet. – Eine höchst muntere Karte von Hans mit Brief – Verheißung auf Weihnacht war auch wieder da; er hat – zum zweitenmal – als Geburtshelfer sich in schwieriger Lage glücklich bewährt. Bei dem ersten Fall hatte er sein Verfahren ausführlich dargelegt; und Onkel Aemil sagte, daß er ganz verständig gehandelt habe. Wie es mir vorigen Weihnachten mein Herz zerquälte, daß wir ihm, – wie es damals geboten war – völlig stumm blieben, so haben Mama und ich diesmal in Freude und Hoffnung ihm eine stattliche Kiste gepackt und sie heute abgehen lassen: ein großes gesticktes Rückenkissen, dunkelgrün mit Bukett, 3 Paar Strümpfe (beides von Mama gefertigt), 3 Manschetthemden (von Großmutter), das neue »Hausbuch« und »St. Jürgen«, 2 Rauchwürste von unserm Schweinchen, ½ Pfd. Tee, eine hübsche kleine Blechtrumme mit Vorlegeschloß voll Kuchen und einigen Groschen, auch Marzipanfrüchten von Dodo, ein Paar gestrickte Müffchen von Ebbe und Dette ½ Dutzend Taschentücher. – Wir wollen ihn recht wieder an die Familie fesseln, und er scheint ganz glücklich darüber. [...]

Du und Karl müßt Euch diesen Weihnachten ein wenig schmäler behelfen. Ihr wißt auch wohl warum, liebe Kinder; und seid darüber nicht unzufrieden.

Mama hat mir gegenüber große Rosinen im Sack und tut sehr geheimnisvoll, und ich habe auch wirklich diesmal keine richtige Spürung von der Sache.

An Gottfried Keller in Zürich

Husum, 27./30. Dezember 1879

Lieber Freund Keller!

Am Nachmittage des Weihnachtsabends, da es schon dunkelte, kam meine schlanke Siebenzehnjährige zu mir ins Zimmer: »Nun ist auch noch ein Paket aus Zürich auf dem Zoll; wie schändlich, daß wir es nicht mehr kriegen können!« Und so war's; Ihren lieben Brief, der so zur richtigsten Zeit eintraf, konnte ich erst am Sonnabend nach dem Fest lesen. Freundlichen Dank nun für die Vervollständigung meines Geßner, das Rückenschildchen wird schon aufgesetzt. [...]

Jetzt soll ich erst bauen – ich bewohne während des Baujahrs eine recht nette Etage von sechs Zimmern in dem Dorfe Hademarschen, worin man sich allenfalls behelfen kann – und zunächst vor allem meine Pensionierung betreiben. Eine schöne Geschichte, wenn man mich (d. h. *mit Pension*) noch nicht wollte laufen lassen; denn mein hiesiges Haus ist verkauft, und auf meinem Hademarscher Grundstück piept schon die Pumpe, Kalk ist gelöscht, Bausteine liegen bereit!

Was Sie von dem Verkauf des alten Familienhauses sagen, so steht es bei mir so: ich glaube, die Übernahme desselben könnte für mich gradezu gefährlich werden; ich bin zu alt dazu. Ein solches Haus darf man vielleicht nur übernehmen, wenn man demselben noch das Gepräge eines neuen, frischen Lebens aufdrücken kann; jetzt, fürchte ich, könnte das Gespenst der Vergänglichkeit, das für mich in allen Ecken sitzt und auf allen Treppen schleicht, mich leicht erdrücken. Für ein neues Haus, um das die freien Lüfte spielen, habe ich, hoffentlich, noch genug Jugend in mir und um mich. […]

Mit unserer Weihnachtsstimmung stand es diesmal etwas dürftig, obgleich der Tannenbaum mit aller Hauskunst geschmückt war. Aber die Unruhe des neuen Lebensplanes, die toten Fenster in dem alten Elternhause, und dann – mir fehlte mein Jurist, der Ernst, der jetzt eben in Kiel, wo er die Universitätsbibliothek benutzt, mit der zweiten und letzten schriftlichen Abhandlung fertig geworden ist.

An die Tochter Lisbeth und ihren Ehemann
Pastor Gustav Haase in Heiligenhafen

Hademarschen, 20. Dezember 1880.

Meine lieben Kinder!

Da ist denn der Weihnachtsabend vor der Tür, und ich fühle es recht schmerzlich, daß wir gar so sehr getrennt sind. Es ist schon recht schön, der Mittelpunkt einer großen Familie zu sein; aber wenn so ein alter Mensch sich in so viele Teile spalten soll! Wenn ich nur erst hier zur Ruhe bin, wird's indessen besser werden. Vorläufig steht freilich ein großer Trubel bevor; in Onkel Johannes Hause kehrt die ganze Jugend ein; außer Hans ist noch Franz da, der nach Neujahr seine Afrikafahrt antritt; auch Hanneli, der jetzt bei Mannhardt zur Schule geht; Ernst tritt schon eben bei uns ein und schnackt mit Ebbe und Mama, die an ihren Weihnachtsarbeiten sitzen; Kasimir langt nächstens an. Wir erwarten denn Ernst mit seinem kleinen blonden 17jährigen Bräutchen; ich freue mich recht darauf! Vor einer halben Stunde trifft auch ein ganz mutiger Anmeldebrief von Karl ein. [...] Wir wollten erst keinen Weihnachten, d. h. nur einen Weihnachten ohne Geschenke halten; da kam Ernsts Verlobung und Anmeldung mit der Braut, und da durfte doch der Weihnachtsabend nicht so kahl abgehen; jetzt hab' ich denn nur zu halten, daß das Sticken nicht das ganze Haus bedeckt; selbst Mama ist ganz in Brand damit, ich darf gar nicht bei ihr in der Stube sein. [...]

Ich muß aufhalten, liebe Kinder, mir ist von all dem Packen der Kopf ganz dumm, wenn Ihr hübsch geschrieben habt, sollt Ihr wieder hübsche Antwort bekommen. Seid denn mit den Kindern recht froh, und froh, daß Ihr euch habt. Mögen noch viele zufriedene Weihnachtsfeste für Euch folgen; das ist mein herzlicher Wunsch.

Euer, leider, recht alter Vater.

An Gottfried Keller in Zürich

Hademarschen, 23. Dezember 1880

Ich bin in den letzten Tagen ganz Weihnachtsmann gewesen, zweimal ist der Kinderwagen – wir besitzen noch einen solchen, obgleich die Dodo schon zwölf Jahre zählt – mit Paketen zu der Poststation gefahren; in dem einen befanden sich Ihre »Züricher Novellen«, die ich, damit er poetisch-episch, lyrisch und dramatisch zugleich angefaßt werde, nebst Scheffels »Frau Aventiure« und unseres Hebbels »Nibelungen« meinem jüngsten Bruder Aemil, dem Husumer Doctor med., zu Weihnachten beschere. Heute mittag kommt Ihr Verehrer, mein Jurist Ernst, mit seiner Braut. »Lieber Vater«, schrieb er mir vor einigen Wochen, »ich habe mich mit einem ganz armen siebzehnjährigen blonden kleinen Mädchen verlobt«; und ich antwortete ihm: »Du schlägst nicht aus der Art, mein Junge; sei sie herzlich uns willkommen!« Und so kommen sie denn.

Übrigens höre ich von dieser kleinen Blonden, sie sei heiter, gut und klug; das sind die besten Gaben, die eine Frau dem Manne mitbringen kann, gar nun meinem tüchtigen, aber etwas hypochondren Zweitgeborenen. Heut abend kommt denn auch mein Musikus, der uns den »Douglas« und »Herr Heinrich sitzt am Vogelherd« vorsingen soll. Da nun sich in meinem brüderlichen Hause hier sieben Kinder, zwei Töchter und fünf Söhne, bis auf einen sämtlich große Gesellen, zum Fest versammeln, so mögen Sie sich, liebster Freund, den Weihnachtstrubel vorstellen, dem ich und meine Frau Do zwar freudig, aber doch mit einer gewissen Sorge in puncto unserer alten Köpfe und sonstigen mit feinen Nerven gesegneten Glieder entgegensehen.

Wär's nur in dem neuen geräumigen Hause, aber das kommt ja erst zum Mai in Gebrauch. Ihrer fürsorglichen Frage in betreff der Wintertauglichkeit meines »Tuskulum« Rechnung tragend, bemerke ich, daß die Mauern, an sich tüchtig, an den beiden Wetterseiten (West und Süd) mit Schiefer völlig bedeckt und die neun Zimmer sämtlich mit je einem tüchtigen Ofen versehen sind. Es ist völlig trocken in die Höhe gekommen und nach Osten teilweise durch eine große Veranda, nach Westen durch Hof und Hintergebäude gedeckt; so ist es sogar ein besonders warmes Haus. Darauf habe ich schon geachtet; ich baute es ja für einen alten Mann. Sollten Sie also zum Winter, d. h. 1881/82, wieder in Zürich frieren, so kommen Sie nur zu uns; Sie sollen warm Quartier haben. Lieber aber noch kommen Sie in schöner Sommerzeit; kommen Sie im nächsten Sommer, es sind ja zwei in Schleswig-Holstein, denen Sie durch Ihr Kommen eine herzliche Freude machen würden. Von jenem zweiten, unserm P[etersen], der in puncto Weihnachten ebenso ein Kindskopf ist wie ich, erhalte ich in der letzten Woche fast täglich Brief, Karte oder Sendung; dann eine Paganini-Karikatur, Gedichte seiner Kinder, die der Onkel Storm lesen sollte und die ich nach Kräften erwidert habe, dann Zuckerpuppen für den Tannenbaum, wie sie in unserer Jugend waren und wie er endlich heuer ein Paar erwischt hat, Goldfäden zum Bespinnen des Baumes, eben wieder ein Paket, wobei er guten Appetit wünscht, das aber bis morgen uneröffnet bleiben soll. Draußen im Flur steht schon eine prächtige Tanne, ihres Festschmuckes harrend, an dem heut abend die ganze Familie arbeiten wird; zuletzt steckt dann mein Jurist den von ihm erfundenen, von Petersen jedesmal bewunderten »Märchenzweig« hinein, d. h. einen ganz vergoldeten Zweig der Lärchentanne, der sich in dem dunkeln Grün geheimnisvoll genug ausnimmt. Nun will ich noch eine Karte an Westermann schreiben, daß er Ihnen mein »Hausbuch« – Sie besitzen es ja noch nicht – sende; und dann lege ich die Feder nieder und arbeite mit am Weihnachtsbaum. – –

An den Regierungsrat Wilhelm Petersen
in Schleswig

Hademarschen, 21./12. 80.

Lieber Freund!

Ihr Paganini ist vortrefflich, und, nachdem er hier
vielfach mit rundgezeigt, mit Dank zu den Akten gebracht; die Galerie Petersen hat sich somit um eine
hübsche Nummer vermehrt. Anna's und Loni's Gedichte sind mit Freude aufgenommen und ebenfalls
schon mehr als einmal vorgelesen; anbei meine
Antwort für das liebe Gesindel. Die Schneepracht
ist leider rasch vorübergegangen [...]. Von den beiden lieben alten an den Kinderweihnachtsbaum er-
innernden Zuckerpuppen, für die ich Ihnen ganz
besonders danke, ist glücklicherweise die eine völlig unversehrt geblieben und wird ihren Platz im
Baum erhalten. – Den Jüngeren wohl kaum ver-
ständlich; aber ich sehe noch meinen großen türki-
schen Pascha, der unter Onkel »Erichs« (eigentlich:
Ingwer Woldsen) mit aus Hambg gekommen war.

An Gottfried Keller in Zürich

Hademarschen, 28. November 1881

Nun kommt die liebe Weihnachtszeit, und das Haus ist schon voller Geheimnis; leider muß mein Jurist, der Erfinder des Märchenzweiges, mit seiner Liebsten bei deren Eltern sein; nur der Jüngste, der Musiklehrer in dem oldenburgschen Varel, wird wohl kommen, wenn zum ersten Mal im geräumigen neuen Hause – ich fürchte immer, daß die Götter den vermessenen Frevel des Neubaus an dem alten Menschen strafen werden – sich der Baum entzündet, in dem für mich noch immer die Flocken von Kinderträumen hängen.

An Paul Heyse in München

Hademarschen, 15. November 1882

Im übrigen geht's mir leidlich; vor drei Wochen wurde ich im Heiligenhafner Pastorat, wo unsre Ebbe jetzt zur Pflege der Schwester Lisbeth weilt, Großvater einer Enkelin; der vor zwei Jahren geborene Enkel lebte ja nur zwei Wochen; jetzt ist alles kräftig und wohl. Im Januar denken wir nach Husum, von wo aus man uns keine Ruhe läßt; Neujahrsabend wird Erich Schmidt (von Hamburg aus, wo er einen Vortrag halten und auf der Bibliothek arbeiten will) bei uns sein. Außer den beiden Jüngsten und meinem »stillen Musikanten« aus Varel wird diesmal von Kindern im Feste wohl keiner bei uns sein; vielleicht mein junger Freund, der Maler Hans Speckter, zwischen dem Fest; Ferd. Tönnies kehrt auch wohl noch im Winter ein; und so vergeht er, und der Sommer bringt, die Hoffnung halten wir fest, Euch beide zu uns.

An die Tochter Elsabe in Heiligenhafen

Hademarschen, 23. Dezember 1882

Noch einen frischen Weihnachtsgruß allen unsern lieben Heiligenhafnern, den ich an Dich, mein Ebbe, adressiere, da Du ja wohl noch gar keinen Brief von mir dort erhalten hast; aber glaub nur, mein Ebbe, ich trage Dich und Euch alle so im Herzen, daß ich stets wie in der Gegenwart meiner fernen Kinder fortlebe. Seid nun recht froh am Weihnachtabend, und möge dazu, was wir Euch senden konnten, ein wenig helfen! Karl, dem es besser geht, erwarten wir heute abend [...].

Also, nun wollt Ihr wohl wissen, was Mama und ich geschenkt bekommen; denn das übrige müssen die Geschwister Euch selbst schreiben, also: Mama erhält von mir eine elfenbeinerne Rose (nur diese ohne Blätter), ein richtiges kleines Kunstwerk; wenn Du grüne Blätter dahinterlegst, täuschend eine Gloire de Dijon, einen von Karlsruhe verschriebenen Metallteetopf, greulich teuer (23 Mark 50), aber fürs Leben, leider noch nicht angelangt, und Scheffels »Frau Aventiure« mit Wernerschen Bildern in, leider, meist zu schwachem Lichtdruck, auch »Grete Minde«. Ich erhalte von Mama eine schöne und mächtige Tischlampe für die große Stube, von Wild u. Webbel in Berlin, mit Kosmos-Vulkan-Brenner (gesehen hab ich sie natürlich nicht; aber sie erregt, je nach der Gemütsart, die Bewunderung oder den Neid aller andren Beschauer), welche Mama mir von dem Honorargeld gekauft hat, das ich ihr vorigen Weihnacht geschenkt hatte. Mehr kann man als Ehemann nicht verlangen. Es soll auch noch sonst allerlei Nettes, so von Petersen und von Onkel Aemil, für mich dasein; aber das ist völliges Geheimnis. Von Albert Nieß, dem Trefflichen, ist ein großes Kuchen-Ehepaar angelangt und noch etwas für unsre beiden Jüngsten, was sie aber nachher selbst schreiben mögen.

Ein besondrer Schmuck unsrer mächtigen Tanne, die diesmal vom Fußboden bis an die Decke reicht, wird diesmal in fünf lebensgroßen Vögeln aus Papiermaché bestehen: drei Kreuzschnäbel (einer fliegend, zwei sich papageienartig, wie sie es tun, anhakend, etwa an einen Tannzapfen), ein Rotkehlchen am Nest mit Eiern sitzend und ein einzelnes; dazu drei gläserne Silberglöckchen und einige Kieferäpfel, mit »Brillantine« überzogen; alles aus der Züllchower Anstalt bei Stettin (eine Art Rauhes Haus) bezogen.

Mir selbst wird um Weihnachten oder etwas später vielleicht noch ein andres Geschenk zuteil werden. Vor etwa acht Tagen erhielt ich von Dr. Horn, früher Redakteur der »Flensburger Zeitung«, ein Bayer und jetzt in München, die Mitteilung – *aber es muß bis auf weiter Familiengeheimnis bleiben* –, daß ich dem König von Bayern von dem betreffenden Ordenskapitel einstimmig zu dem »Maximiliansorden für Kunst und Wissenschaft« vorgeschlagen sei, an Stelle des verstorbnen Dingelstedt. [...]

Seid nun alle, groß und klein, von mir, Mama, Dette und Dodo herzlich gegrüßt, und gedenkt auch unser in der märchenstillen Stunde des Festes. Wie Mama es hild hat, könnt Ihr denken! Sie ist aber sehr vergnügt und freut sich zu Karl.

Dein, Euer getreuer Vater

Th. Storm

Erich Schmidt
Eine Winterfahrt zu Theodor Storm
[Jahreswende 1882/83]

Endlich ist die Station Hanerau-Hademarschen erreicht. Neben dem jüngsten Sohn, einer echten Friesengestalt mit langen Gliedmaßen und schwanker Haltung steht wartend der Dichter, den ich fünf Jahre lang nicht gesehen, ein Sechziger von kleiner Mittelgröße. Um das weiße Haupt hat er zum Schutze gegen den scharfen Ostwind einen Shawl, so groß wie eine Riesenschlange, gewunden. »Den hat meine Mutter meinem Vater gestrickt«, sagt er, schiebt seinen Arm in den meinen, und so trolle ich denn selbdritt an der Windmühle vorbei dem neuen Hause zu. [...]

Bei voller Dunkelheit – denn elektrische Beleuchtung ist in Hademarschen noch nicht eingeführt – tappte ich in das Dichterhaus, das ich am nächsten Morgen als ein festes, rotes, an der Sturmseite auf Schiefer von oben bis unten bedecktes Kastell kennen lernte. Die herzgewinnende Hausfrau machte es dem Gast vom ersten Augenblick an gar behaglich; von den jungen Töchtern plauderte die eine flink und die andere lauschte stiller dem Gespräche des kleinen Kreises, indeß eine rührige Magd mit dem netten friesischen Vornamen Wieb (Wiebke, Weibchen) ab und zu ging. Der schönste Duft, den ein deutsches Familienzimmer aufbieten mag, der würzige Geruch der lieben Weihnachtstanne, erfüllte die anheimelnden Räume. Zu beiden Seiten des hohen Stammes baumelten wahre Pfefferkuchenriesen, Mann und Frau, der alljährliche Tribut eines Braunschweiger Verehrers, auf den Zweigen wiegten sich allerliebste Rotkehlchen und Kreuzschnäbel, Züllichauer Fabrikat; mitten im Grünen glitzerte eine Stormsche Erfindung, der ›Märchenzweig‹, ein über und über vergoldeter Reis.

An Paul Heyse in München

Husum, bei Reventlows, von Sonnabend an bei meinem Bruder Doktor, Sonnabend darauf wieder zu Haus.

9. Januar 1883

An unserem Weihnachtsabend hatten wir nur unsre beiden Jüngsten, Gertrud und Dodo, und aus Varel unsern Karl, den stillen Musikanten. Wir waren doch traulich bei unserm großen brennenden Baum, zumal von allen fernen Kindern heitere zufriedene Briefe und allerlei kleine Sendung eingetroffen war. So hatte ich sie doch alle im Geiste bei mir; und nach dem Abendessen kam das brüderliche Haus; da kam denn Jugend genug ins Haus, daß die Schatten der Vergangenheit schwanden, die ich, je heller der Weihnachtsbaum brennt, desto tiefer in allen Winkeln liegen sehe; nun seit manchen Jahren schon; es gehört mir mit zum Weihnachten.

An Gottfried Keller in Zürich

Hademarschen bei Hanerau,

9. Dezember 1887

Weihnacht ist vor der Tür; im vorigen Jahr kroch ich aus dem Bett und setzte mich im halben Fieber vor den Weihnachtsbaum, der in der kleinen Stube unweit meinem Krankenzimmer hergerichtet war, und Frau und Kinder weinten heimlich, weil sie mich sterbend glaubten. Diesmal ist's doch wieder wie sonst, unten in den großen Räumen, und der Märchenzweig glänzt frisch vergoldet aus dem dunklen Tannengrün; und abends kommen mein Bruder und Frau und Kinder, und wir trinken im Weihnachtspunsch das Wohlsein aller fernen Freunde, worunter Sie nicht fehlen werden!

An die Tochter Elsabe in Gotha

Hademarschen, 29. Dezember 87.
Nur ein kurzes, herzliches Wort, mein liebes Kind,
das Dich noch in Gotha treffen soll. Weihnacht ist
vorüber; aber ich habe den schönsten Christabend
– oder wenn Du es heidnisch lieber »Julfest« nen-
nen willst – wieder recht genossen, zumal da Ihr
Kinder mit Euren Versen, Briefen und Angebinden
alle zugegen waret. Du hast Dich aber wohl fast
überanstrengt, um diese große Decke zu vollenden
und alles, was Du sonst noch brachtest. Mir war das
kleine Taschenkalenderchen sehr willkommen, und
ich werd' es nun für dieses Jahr in der linken We-
stentasche an meinem Herzen tragen; auf dem Rup-
perhandtuch freute mich der alte, so prächtig la-
chende Gnom. Ich wurde diesmal ganz unter Kunst
gesetzt: von Petersen, ein Werk seiner Plastik, einen
zusammengehuckten, etwas spukhaften kleinen
Weihnachtsmann, der jetzt auf meinem Schreib-

tisch steht; von Mama die Chodowiecki-Mappe »Reise von Berlin nach Danzig«; von Ernst Kleists »Zerbrochener Krug« mit den eminenten Illustrationen von Adolf Menzel; von Heinrich Seidel ein Vogelbuch mit Giacomellischen Bildern. Das wirst Du nun im Sommer alles sehen.

Karl trat am 23sten abends frisch und fröhlich ein, und am 24sten brannte unsre mächtige Tanne, mit ausgesucht Stormscher Feinheit aufgeputzt, und im tiefsten Grün saß der goldne Märchenzweig, und das Rotkehlchen saß bei seinem Nest, während unweit davon das Hähnchen ihm seine süßen Strophen sang.

Dorothea Storm an Margarethe Mörike in Stuttgart

Kiel, 15. Dezember 1888

Liebe verehrte Frau Doktor! Wie lange wollte ich Ihnen schon schreiben; wenn Sie erst wissen, was alles dazwischenliegt, werden Sie mich entschuldigen. Die Überschrift »Kiel« wird Ihnen sagen, daß wir unser Hademarschen verlassen und nach Kiel gezogen. Es hat sich alles so rasch gemacht, daß wir kaum zur Besinnung kamen. Aber schwer war's, sehr schwer; Garten und Haus hatten zu viele schöne Erinnerungen, aber es war ja meines geliebten Mannes Wille, daß wir das große Gewese nach seinem Tode nicht behalten sollten, nun konnte ich es auf 5 bis 6 Jahre vermieten und nach dortigen Verhältnissen sehr gut und so mußte ich mich rasch entschließen. Es wird mir doch sehr schwer, mich an meine Verhältnisse zu gewöhnen, so allein herauszutreten ins Leben, aber was sein muß und für die Kinder gut ist, muß man tun. Das schöne Weih-

nachtsfest, was für uns immer durch meinen geliebten Mann so schön war, steht nun vor der Tür und
mit Trauer und Wehmut vermissen wir ihn doppelt;
wie verstand er es, durch kleine Überraschungen
und Heimlichkeiten das Fest so schön zu machen,
seine strahlenden Augen, wenn der Baum brannte,
waren das Schönste am ganzen Abend, nun werden
wir sie nie mehr sehen. [...] Meine beiden jüngsten
Töchter und ich gehen zu einem Sohn, dem Rechts-
anwalt, in Husum; er meint, die glücklichen Kinder-
augen würden uns den Abend erleichtern. Das mag
wohl sein, und wir wollen es versuchen. Wie hat unser Geschick, liebe Frau Mörike, doch viel Ähnlich-
keit miteinander. 23 Jahre an der Seite eines solchen Mannes zu stehen, wie Ihr lieber verstorbener
und der meine war, ist ja ein besonderes Glück, wo-
für man ja dankbar sein muß; das Vermissen ist
aber ja viel schwerer, es war zu schön. Ich freue mich
Weihnachten am meisten darauf, an die Gruft meines geliebten Toten täglich treten zu können und
dort seiner gedenken.

Quellenverzeichnis

Br Braut   Theodor Storm, Briefe an seine Braut. Hrsg. von Gertrud Storm. Braunschweig 1915

Br Frau   Theodor Storm, Briefe an seine Frau. Hrsg. von Gertrud Storm. Braunschweig 1915

Br Freunde   Theodor Storm, Briefe an seine Freunde Hartmuth Brinkmann und Wilhelm Petersen. Hrsg. von Gertrud Storm. Braunschweig 1917

Br Heimat   Theodor Storm, Briefe in die Heimat aus den Jahren 1853–1864. Hrsg. von Gertrud Storm. Berlin 1907

Br Kinder   Theodor Storm, Briefe an seine Kinder. Braunschweig 1916

Goldammer   Theodor Storm, Briefe. Hrsg. von Peter Goldammer. 2 Bände, 2., durchgesehene Aufl., Berlin und Weimar 1984

SHLB   Schleswig-Holsteinische Landesbibliothek, Kiel

Werke   Theodor Storm, Sämtliche Werke. Hrsg. von Peter Goldammer. 4 Bände, 8. Aufl., Berlin 1995

Weihnachten in der Kindheit und Jugend

An die Eltern, 19. Dezember 1858; Goldammer 1.

Wie es daheim Weihnacht wird*; Unter dem Tannenbaum, Werke 2.

An Therese Rowohl, Anfang März 1838; Goldammer 1.

Verlorenes Paradies*; Immensee, Werke 1.

An Bertha von Buchan, 31. Januar 1841; Goldammer 1.

Zum Weihnachten; Werke 1.

Erinnerung an einen Weihnachtsabend*; Unter dem Tannenbaum, Werke 2.

An die Braut, 22./24. Dezember 1845; Br Braut.

Die alte Uhr*; Marthe und ihre Uhr, Werke 1.

An die Braut, 26. Dezember 1845; Goldammer 1.

Weihnachtslied; Werke 1.

An Hartmuth Brinkmann und Laura Setzer, Weihnachtssonntag 1851/Neujahrssonntag 1852; SHLB.

Das Fest in der Fremde

An Frau Constanze, 24. Dezember 1852; Br Frau.

Weihnachtsabend; Werke 1.

An die Eltern, 19. Dezember 1853; Goldammer 1.

An die Eltern, 17./18.Dezember 1854; Br Heimat.

An die Schwiegereltern, 22. Dezember 1854; SHLB.

An Eduard Mörike, 2. Dezember 1855; Goldammer 1.

An die Eltern, 13./14./20. Dezember 1855; Br Heimat.

An Friedrich Eggers, 20. Dezember 1856; Goldammer 1.

An die Mutter, 24. Dezember 1856; Br Heimat.

An die Schwiegereltern, 21. Dezember 1857; SHLB.

An die Mutter, 21. Dezember 1857; Br Heimat.

An die Eltern, 19. Dezember 1858; Goldammer 1.

An die Eltern, 14./16./21. Dezember 1859; Br Heimat.

An die Schwiegereltern, 17. Dezember 1861; SHLB.

An die Eltern, 7. Dezember 1862; Br Heimat.

Bescherung*; Unter dem Tannenbaum, Werke 2.

Knecht Ruprecht; Werke 1.

An den Vater, 21. Dezember 1863; Goldammer 1.

An Hartmuth Brinkmann; 18. Januar 1864; Goldammer 1.

Heiligabend wieder daheim

An Ludwig Pietsch, 16. Dezember 1864; SHLB.

An die Schwiegermutter, 23. Dezember 1865; SHLB.

An Marie und Ludwig Pietsch, 5. Januar 1867; SHLB.

An den Sohn Hans, 28. Dezember 1867; Br Kinder.

An den Sohn Ernst, 16. Dezember 1870; SHLB.

An Emil Kuh, 22. Dezember 1872; Goldammer 2.

Heiligabend*; Carsten Curator, Werke 3.

An die Tochter Lisbeth, 21. Dezember 1877; Br Kinder.

An Gottfried Keller, 27./30. Dezember 1879; Goldammer 2

An die Tochter Lisbeth Haase, 20. Dezember 1880; Br Kinder.

An Gottfried Keller, 23. Dezember 1880; Goldammer 2.

An Wilhelm Petersen, 21. Dezember 1880; SHLB.

An Gottfried Keller, 28. November 1881; Goldammer 2.

An Paul Heyse, 15. November 1882; Goldammer 2.

An die Tochter Elsabe, 23. Dezember 1882; Goldammer 2.

Erich Schmidt: Eine Winterfahrt zu Theodor Storm [Jahreswende 1882/83]; Neue Freie Presse, Wien, Nr. 6945, 28. Dezember 1883.

An Paul Heyse, 9. Januar 1883; Goldammer 2.

An Gottfried Keller, 9. Dezember 1887; Goldammer 2.

An die Tochter Elsabe, 29. Dezember 1887; Br Kinder.

Dorothea Storm an Margarethe Mörike, 15. Dezember 1888; Hanns Wolfgang Rath, Briefwechsel zwischen Theodor Storm und Eduard Mörike. Stuttgart 1919.

Die mit einem Stern versehenen Titel stammen von der Herausgeberin.

Herausgeberin und Verlag danken der Schleswig-Hosteinischen Landesbibliothek, Kiel, für die Genehmigung zum Abdruck der dort befindlichen Originalbriefe und den Mitarbeiterinnen Frau Dr. Kornelia Küchmeister und Frau Margit Conrad für Hilfe und Beratung sowie Frau Elke Jacobsen vom Theodor-Storm-Archiv, Husum. Insbesondere dankt die Herausgeberin der Lektorin des Aufbau-Verlages, Frau Magdalena Frank, für die Betreuung des Bandes.